Antropologia da política

O selo DIALÓGICA da Editora InterSaberes faz referência às publicações que privilegiam uma linguagem na qual o autor dialoga com o leitor por meio de recursos textuais e visuais, o que torna o conteúdo muito mais dinâmico. São livros que criam um ambiente de interação com o leitor – seu universo cultural, social e de elaboração de conhecimentos –, possibilitando um real processo de interlocução para que a comunicação se efetive.

Antropologia da política

Raphael Hardy Fioravanti

EDITORA intersaberes

Rua Clara Vendramin, 58 . Mossunguê . CEP 81200-170 . Curitiba . PR . Brasil
Fone: (41) 2106-4170 . www.intersaberes.com . editora@editoraintersaberes.com.br

Conselho editorial
  Dr. Ivo José Both (presidente)
  Drª Elena Godoy
  Dr. Nelson Luís Dias
  Dr. Neri dos Santos
  Dr. Ulf Gregor Baranow
Editora-chefe
  Lindsay Azambuja
Supervisora editorial
  Ariadne Nunes Wenger
Analista editorial
  Ariel Martins
Preparação de originais
  Luiz Gustavo Micheletti Bazana

Edição de texto
  Gustavo Piratello de Castro
  Viviane Fernanda Voltolini
Capa
  Laís Galvão (*design*)
  Shutterstock* (imagens)
Projeto gráfico
  Bruno de Oliveira
Diagramação
  Estúdio Nótua
Equipe de design
  Laís Galvão
  Mayra Yoshizawa
Iconografia
  Celia Suzuki
  Regina Claudia Cruz Prestes

Dados Internacionais de Catalogação na Publicação (CIP)
(Câmara Brasileira do Livro, SP, Brasil)

Fioravanti, Raphael Hardy
  Antropologia da política/Raphael Hardy Fioravanti. Curitiba: InterSaberes, 2019.

  Bibliografia.
  ISBN 978-85-5972-848-4

  1. Antropologia 2. Antropologia política 3. Ciência política 4. Cultura I. Título.

18-19958   CDD-306.2

Índices para catálogo sistemático:
  1. Antropologia política   306.2
    Cibele Maria Dias – Bibliotecária – CRB-8/9427

1ª edição, 2019.
Foi feito o depósito legal.
Informamos que é de inteira responsabilidade do autor a emissão de conceitos.
Nenhuma parte desta publicação poderá ser reproduzida por qualquer meio ou forma sem a prévia autorização da Editora InterSaberes.
A violação dos direitos autorais é crime estabelecido na Lei n. 9.610/1998 e punido pelo art. 184 do Código Penal.

*Maryna Pleshkun, Oleg Troino, HorenkO, VP Photo Studio, Vladimir Kachanov e Alexandru Nika/Shutterstock

Sumário

11 *Apresentação*
15 *Como aproveitar ao máximo este livro*

Capítulo 1
19 **Antropologia: conceitos fundamentais e abrangência**

(1.1)
21 Conceito de antropologia e de cultura

(1.2)
29 Política e poder

(1.3)
35 Conceito de antropologia da política

Capítulo 2
45 **Fazendo pesquisa em antropologia da política**

(2.1)
48 Etnografia: o olhar, o ouvir e o escrever

(2.2)
59 Etnocentrismo e relativismo cultural

Capítulo 3
75 Rituais na política

(3.1)
77 O que são rituais?

(3.2)
83 O que são mitos?

(3.3)
93 O que são rituais políticos?

Capítulo 4
105 Teoria da dádiva

(4.1)
107 Um preceito teórico para o estudo da política

Capítulo 5
123 Voto e representação social

(5.1)
125 Conceito de voto

(5.2)
127 Voto: uma escolha individual?

Capítulo 6
149 O "fazer política"

(6.1)
151 O tempo da política

(6.2)
154 O espaço da política

183 *Para concluir...*
185 *Referências*
193 *Respostas*
207 *Sobre o autor*

À minha família,
pela paciência e pelo companheirismo.
Aos meus alunos,
pela oportunidade de aprender mais com vocês.

Raphael Hardy Fioravanti

Apresentação

O estudo da política – tão demarcado por análises qualitativas e teóricas, sempre com foco na democracia e na racionalidade dos processos de construção de políticas públicas – por vezes parece ignorar que trata da organização de comunidades carregadas de práticas sociais e simbólicas que norteiam e dão sentido à vida e à lógica coletivas. Por essa razão, estudar a política por meio de metodologias e teorias da antropologia proporciona um enriquecimento da qualidade da informação e do conhecimento.

Pensando assim, nossa proposta, neste livro, é oferecer aos interessados em política mais do que a exploração de diversas etnografias ou demonstrar as teorias que as embasam; pretendemos expor principalmente os conceitos e os pensamentos que direcionam as pesquisas da política por meio da antropologia.

Para tanto, dividimos o conteúdo em seis capítulos. Em cada um deles, de modo progressivo, apresentamos e discutimos informações que proporcionam uma melhor compreensão do capítulo seguinte.

No Capítulo 1, faremos um resgate conceitual sobre o que é a antropologia e seu objeto de pesquisa: a cultura. Com base nessa abordagem, elaboraremos os conceitos de *política* e de *poder*, demonstrando que eles fazem parte de um conjunto maior de articulações simbólicas que transcendem a sociedade em si, e exploraremos a importância de aspectos como sistemas de parentesco, economia, religião e Estado. Por fim, veremos a definição de *antropologia da política*.

Continuando nosso estudo, no Capítulo 2, trabalharemos o processo de pesquisa de campo da antropologia. Para tanto, seguiremos os passos de Roberto Cardoso de Oliveira (2006), segundo o qual a construção da etnografia segue três passos: olhar, ouvir e escrever. Em seguida, comentaremos os principais desafios da metodologia de observação e as precauções que os pesquisadores devem ter ao realizar suas investigações. Encerraremos o capítulo discutindo os principais cuidados a serem tomados na prática da análise em antropologia da política, conforme propõe Karina Kuschnir (2007a).

No Capítulo 3, comentaremos sobre os rituais e como eles são importantes no campo de estudo da política. Para tanto, verificaremos como são estruturados os conceitos de rituais e de mitos e como eles estão presentes no campo da política, finalizando o capítulo com uma proposta de sistematização de tipos de rituais políticos.

Dessa forma, chegaremos ao Capítulo 4 preparados para estudar a teoria da dádiva, um dos fundamentos da antropologia. Essa teoria, formulada pelo francês Marcel Mauss, serviu de base para a construção de diversos objetos de estudo antropológicos. Por isso, a discussão sobre a teoria da dádiva se justifica na medida em que ela demonstra como os processos de trocas estão presentes em todas as sociedades e percorrem seus diferentes campos, dando sentido a uma ordem cultural e simbólica. Essa explanação será essencial para compreendermos as dinâmicas ligadas ao voto na sociedade brasileira.

O voto e suas dinâmicas serão o foco do Capítulo 5, no qual examinaremos como se constitui seu uso na política brasileira e debateremos as redes de troca atreladas ao ato de votar. Nesse contexto, explicitaremos que, nos momentos eleitorais, o que se busca não é o voto, mas sim o compromisso de votar, que é dado em determinados momentos sociais, isto é, em tempos da política.

Por fim, no Capítulo 6, trataremos do tempo da política como uma construção social originária dos períodos demarcados para a disputa de poder. Dessa forma, evidenciaremos que o tempo da política adquire diferentes compreensões e dimensões, dependendo do grupo social estudado.

Como aproveitar ao máximo este livro

Este livro traz alguns recursos que visam enriquecer seu aprendizado, facilitar a compreensão dos conteúdos e tornar a leitura mais dinâmica. São ferramentas projetadas de acordo com a natureza dos temas que examinaremos. Leia, a seguir, como esses recursos encontram-se distribuídos no decorrer desta obra.

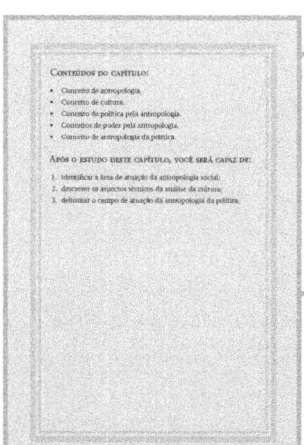

Conteúdos do capítulo:

Logo na abertura do capítulo, você fica conhecendo os conteúdos que nele serão abordados.

Após o estudo deste capítulo,
você será capaz de:

Você também é informado a respeito das competências que irá desenvolver e dos conhecimentos que irá adquirir com o estudo do capítulo.

Estudos de caso

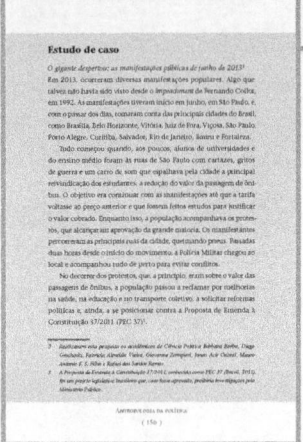

Esta seção traz ao seu conhecimento situações que aproximarão os conteúdos estudados de sua prática profissional.

Síntese

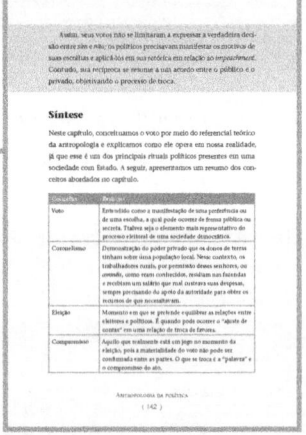

Você dispõe, ao final do capítulo, de uma síntese que traz os principais conceitos abordados.

Questões para revisão

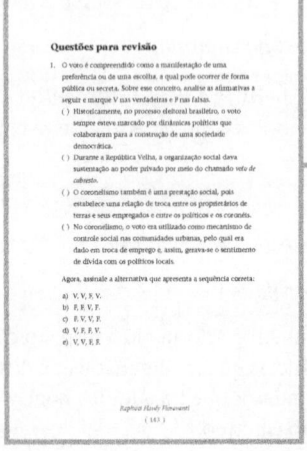

Com estas atividades, você tem a possibilidade de rever os principais conceitos analisados. Ao final do livro, o autor disponibiliza as respostas às questões, a fim de que você possa verificar como está sua aprendizagem.

Questões para reflexão

Nesta seção, a proposta é levá-lo a refletir criticamente sobre alguns assuntos e a trocar ideias e experiências com seus pares.

Para saber mais

Você pode consultar as obras indicadas nesta seção para aprofundar sua aprendizagem.

Capítulo 1
Antropologia: conceitos fundamentais e abrangência

Conteúdos do capítulo:

- Conceito de antropologia.
- Conceito de cultura.
- Conceito de política pela antropologia.
- Conceitos de poder pela antropologia.
- Conceito de antropologia da política.

Após o estudo deste capítulo, você será capaz de:

1. identificar a área de atuação da antropologia social;
2. descrever os aspectos técnicos da análise da cultura;
3. delimitar o campo de atuação da antropologia da política.

Para você compreender o que é a antropologia da política, precisamos, inicialmente, construir alguns conceitos e premissas que o auxiliarão nesse estudo. Assim, poderemos cumprir melhor os objetivos deste livro.

Desse modo, começaremos apresentando a definição de antropologia. Em seguida, estudaremos o conceito de cultura na perspectiva antropológica, revendo alguns fundamentos construídos ao longo do desenvolvimento dessa ciência. Finalizaremos a análise da cultura compreendendo-a como sistema adaptativo, cognitivo, estrutural e simbólico das sociedades.

Com base nesses conteúdos, poderemos interpretar a política e seu principal mecanismo, o poder, buscando compreender como ele é apropriado e definido pela antropologia. Assim, teremos segurança para formular um conceito de antropologia da política que nos guiará durante todo o livro.

(1.1)
Conceito de antropologia e de cultura

A palavra *antropologia* é formada etimologicamente[1] por *anthropos*, que significa "homem", e *logos*, que significa "estudo". Dessa forma, *antropologia* é o estudo do homem. Até aí parece fácil, mas o homem, ou melhor, a humanidade é, por si só, muito complexa.

A antropologia estuda o ser humano em três grandes esferas:

---

1 *Etimologia é o estudo da origem e da história das palavras, ou seja, de onde elas vêm e como evoluíram com o passar dos tempos. Esse entendimento nos ajuda a inferir o significado das palavras e, assim, compreender por que as utilizamos em nossos estudos.*

- **Biológica** – Investiga as variações biológicas do homem no tempo e no espaço, como ocorreu (e se ainda ocorre) sua construção genética, morfológica e fisiológica, bem como a relação com o meio em que ele vive (espaço físico, geográfico, social e ecológico).
- **Social** – Considera o ser humano um elemento integrante de grupos sociais organizados, decifrando seus comportamentos, conscientes ou inconscientes.
- **Cultural** – Busca conhecer o ser humano com base em sua história, suas crenças, sua religião, seus costumes, sua linguagem e sua filosofia. Investiga e analisa os modos de produção que ele utiliza, suas organizações política e de poder, seu sistema de parentesco e seu modo de organizar o conhecimento.

Assim, a antropologia é uma ciência que estuda o ser humano em sua totalidade. Vale ressaltar que, nesta obra, focaremos os aspectos socioculturais do homem, isto é, a antropologia social. Essa vertente direciona suas pesquisas aos processos culturais e à estrutura das sociedades, investigando as relações sociais que organizam a vida em comunidade, como os aspectos familiares, econômicos, religiosos, jurídicos e políticos.

A antropologia social observa o ser humano como produtor e transformador de uma realidade, como agente que inventa e se reinventa de acordo com os elementos disponíveis no meio em que vive, definindo e redefinindo seus pensamentos e suas regras para melhor se adaptar às necessidades de organização social, política e de sobrevivência. Isso nos remete a outro conceito: o de cultura.

O termo *cultura* tem origem em *colare* ou *cultus*, que significam "cultivar" e "instruir". Representa, portanto, aquilo que produzirmos e a ensinarmos para as gerações seguintes. O estudo da cultura não está restrito à antropologia. Vários outros campos do conhecimento, como a literatura, a arte, a biologia e a história, também analisam a cultura, porém sob outra perspectiva.

Frequentemente, o termo *cultura* é empregado para indicar o nível de desenvolvimento educacional de uma pessoa. É comum ouvir frases do tipo "Fulano não tem cultura". Não obstante, a cultura não pode ser restrita ao desenvolvimento de um indivíduo por meio da educação ou da instrução. Na antropologia, não se empregam termos como *culto* ou *inculto* nem se faz juízo de valor sobre uma ou outra cultura.

O conceito de cultura vem sendo discutido na academia há muito tempo. A primeira definição formulada pela antropologia foi a de Edward Burnett Tylor (1832-1917), em *Primitive Culture*. Para Tylor (1871), "cultura é todo complexo que inclui o conhecimento, as crenças, a arte, a moral, a lei, os costumes e todos os outros hábitos e aptidões adquiridos pelo homem como membro da sociedade" (Tylor, 1871, p. 1, tradução nossa). Em outros termos, a cultura engloba tudo aquilo que é produzido pelas sociedades, sejam elementos materiais, sejam imateriais.

Apesar de parecer bem completo, esse conceito não o é – ele nos faz refletir sobre como as coisas são mais complexas do que parecem. Tylor, ao elaborar essa definição, buscava um suporte nas ciências da natureza e considerava a produção da cultura um fenômeno natural, como bem descreveu Roque de Barros Laraia (2006). Isso porque a antropologia, naquele tempo, ainda era uma ciência em construção e emprestava referências e metodologias de outras áreas do conhecimento, já consolidadas, para dar suporte às suas formulações teóricas.

Tylor, assim como outros antropólogos de sua época, era guiado pelo livro que produziu grande impacto científico na Europa do século XIX: *A origem das espécies*, de Charles Darwin, que demonstrava o **determinismo biológico**. Em sua obra, Darwin explicava como as espécies evoluíam e se adaptavam ao meio em que viviam – basicamente, a ideia era de que os seres que melhor realizavam essas ações conseguiam passar suas características para as gerações seguintes. Assim, os estudiosos dos hábitos da época tentaram estabelecer um estreitamento entre a biologia e a cultura dos povos.

Esse intento era um tanto quanto perigoso e alimentou, entre outras ideias, o pensamento de que as características das raças podem determinar o comportamento e a capacidade intelectual dos indivíduos. Ainda hoje, por exemplo, há quem diga que os nórdicos são mais inteligentes do que os negros; ou que os alemães são mais habilidosos com máquinas do que os nascidos em outros países; ou, ainda, que judeus e árabes são grandes negociadores e que tudo isso se deve às suas características biológicas. Essa forma de pensar é tão forte que muitas pessoas ainda acreditam nisso. E são ideias como essas que justificaram, por exemplo, a escravidão, o racismo e os genocídios.

Além disso, esse conceito serve de ponto de partida para uma análise comparativa entre diferentes culturas e uma consequente classificação dos povos segundo uma escala evolutiva, de modo semelhante ao que é aplicado às espécies na biologia. Contudo, com a investigação de diferentes cenários e o estudo de diversos povos, percebeu-se que esse não era o caminho teórico mais adequado para compreender a realidade que se apresentava. Afinal, a cultura não está atrelada à genética humana.

Em 1932, Franz Boas (1858-1942) definiu a cultura como

> *uma totalidade, em todas as suas manifestações [...]. Invenções, vida econômica, estrutura social, arte, religião e moral, todas estão inter-relacionadas. [...] As condições causais das ocorrências culturais repousam sempre na interação entre indivíduo e sociedade, e nenhum estudo classificatório das sociedades irá solucionar esse problema.* (Boas, 2005, p. 103, 107)

E em 1938, o autor complementou seu raciocínio, afirmando que cultura "é a totalidade das reações e atividades mentais e físicas que caracterizam o comportamento dos indivíduos que compõem um grupo social" (Boas, 1938, p. 149, tradução nossa).

Embora fosse um dos membros da antropologia que ainda atrelava características biológicas à determinação dos comportamentos culturais, Boas criticava as teorias racionais. Ele avançou ao perceber que a cultura é, sobretudo, uma **construção intelectual** dos indivíduos de uma sociedade capaz de influenciar o comportamento das pessoas.

Bronislaw Malinowski (1884-1942), polonês formado em física e matemática, dedicando-se à antropologia, descreveu que cultura é "o todo global consistente de implementos e bens de consumo, de cartas constitucionais para vários agrupamentos sociais, de ideias e ofícios humanos, de crenças e costumes" (Malinowski, 1960, p. 36, tradução nossa). Esse conceito, assim como o raciocínio de Franz Boas, sugere que cultura não pode ser tomada por seus elementos de forma fragmentada. Seus diferentes componentes estão interligados e são resultado de um processo histórico e variável de contato entre as diferentes culturas.

É claro que essa abordagem atrai críticas e, por isso, temos de procurar por reflexões mais atuais. Para organizarmos nosso pensamento, podemos observar as palavras de Leslie White (citado por Sahlins, 2003, p. 108), para quem a cultura está presente "quando coisas e acontecimentos dependentes de simbolização são considerados e interpretados num contexto extrassomático – face à relação que têm entre si, ao invés de com os organismos humanos". O termo *extrassomático* deve ser entendido como algo independente do organismo humano. Já o comportamento do homem ocorre "quando coisas e acontecimentos dependentes de simbolização são considerados e interpretados face à sua relação com organismos humanos, isto é, em um contexto somático" (White, citado por Sahlins, 2003, p. 108). Nesse caso, *somático* relaciona-se ao organismo humano. Isso significa que a cultura está presente nas coisas e nas relações entre as pessoas e é uma construção de representações que dão sentido às coisas e aos atos, ou seja, a **criação de um sistema de símbolos**, que é elaborado pelos diferentes grupos sociais e que faz sentido apenas para eles.

As definições de White, assim como as de outros antropólogos contemporâneos, revelam que a cultura deve ser compreendida por meio de mecanismos ou sistemas, conforme os trabalhados por Roger M. Keesing em *Theories of Culture* (Keesing, 1974) e sistematizados por Laraia (2006). Assim, a cultura pode ser considerada, ao mesmo tempo, um **sistema adaptativo**, **cognitivo**, **estrutural** e **simbólico**. Vejamos, a seguir, cada um deles.

Cultura como sistema adaptativo

Nesse contexto, as culturas são sistemas que auxiliam o processo de adaptação de agrupamentos humanos a suas necessidades biológicas. Nas sociedades, estão presentes modos de organização política e econômica, crenças e práticas religiosas e relações de parentesco, entre outras estruturas. Uma mudança nesses elementos significa um movimento de adaptação para garantir a continuidade da existência daquele grupo, que pode ser semelhante ao decurso da seleção natural.

As tecnologias e a economia de subsistência, bem como os elementos de organização social, estão diretamente ligados aos modelos de produção, nos quais podemos encontrar os processos adaptativos mais significativos da cultura. Já as adaptações dos componentes ideológicos estão mais atreladas ao controle da população, da subsistência e da manutenção do ecossistema existente.

Cultura como sistema cognitivo
Nessa vertente, cultura é um sistema de conhecimento no qual está presente tudo aquilo que uma pessoa de determinada sociedade precisa saber e em que deve acreditar para agir de forma aceitável entre seus pares. Essa visão poderia ser sintetizada com aquele velho ditado: "Em Roma, faça como os romanos" – inclusive no que se refere à forma de pensar.

Cultura como sistema estrutural
Claude Lévi-Strauss (1908-2009), teórico que assume essa perspectiva, define cultura como um sistema de símbolos que se acumulam na mente humana. Em outras palavras, essa vertente procura entender a cultura como a estrutura de um prédio, cujos alicerces são a forma como as pessoas organizam seu pensamento e as paredes são os elementos culturais, cujas formas são definidas pelos alicerces.

Cultura como sistema simbólico
Essa é a perspectiva privilegiada neste livro para o trato científico da política pelo olhar da antropologia. A abordagem é embasada sobretudo nos estudos de Clifford Geertz (1926-2006). Segundo esse ponto de vista, a cultura é um conjunto de mecanismos de controle, planos, receitas, regras e instruções de como se deve viver capazes de definir nosso comportamento. Para Geertz (1978), os seres humanos são biologicamente programados para receber esses conhecimentos, assim como um computador é preparado para receber um programa que desempenha determinadas atividades. A cultura, então, é o "programa" que recebemos.

O importante dessa abordagem é que ela permite compreender o impacto da cultura no comportamento dos indivíduos. Para ajudar a compreensão, tomemos como exemplo o caso de dois gêmeos que foram criados em locais afastados, cada um em uma comunidade diferente; apesar de geneticamente idênticos, suas formas de agir e de pensar não são iguais, pois foram educados em sociedades distintas. Para Geertz, os símbolos e os significados são partilhados entre os membros de um sistema cultural.

Neste ponto, inserem-se outros elementos fundamentais: os **símbolos** e as **práticas simbólicas**. *Símbolos* são os recursos, físicos ou não, que o ser humano utiliza para atribuir valores ou significados específicos às coisas. Praticamente tudo à nossa volta são símbolos aos quais conferimos um significado: pessoas, gestos, atitudes, palavras, princípios, crenças, sentimentos, cerimônias e objetos. Dessa forma, tudo tem um significado que é compartilhado em sociedade.

Segundo Marconi e Presotto (2007), os símbolos podem ser classificados da seguinte maneira:

- **Arbitrários** – Não apresentam, obrigatoriamente, uma relação entre suas propriedades físicas e o significado que lhe é atribuído. Por exemplo, as características físicas de uma cruz não têm relação com o significado conferido a ela pelos cristãos.
- **Partilhados** – Representam os mesmos valores para diferentes culturas ou grupos em uma mesma sociedade. Por exemplo, fechar as mãos e manter o polegar para cima na sociedade brasileira é um sinal de aprovação.
- **Referenciais** – Tratam de algo específico. Por exemplo, entre os hindus, a cor do luto é o amarelo e, entre os cristãos, o preto.

A prática da simbolização permite aos grupos sociais estabelecer padrões de relações e comportamentos, bem como fazer a transmissão de conhecimento entre gerações. Afinal, as palavras que usamos atualmente nada mais são do que símbolos, que têm significados que devem ser reconhecidos e interpretados para que possamos compreender uma mensagem.

A representação simbólica precisa de três elementos básicos para existir:

1. **Signo** – É o objeto ou a coisa, material ou não, que porta significado.
2. **Significado** – É a representação atribuída ao objeto e que comunica uma ideia ou um valor.
3. **Significante** – É aquele que atribui a representação ao objeto portador do significado – ou seja, os membros de determinado grupo social.

A antropologia, assim, é a busca de interpretações do mundo, que podem ser as mais diferentes, dependendo dos aportes simbólicos e ambientais a que cada cultura está sujeita. Como bem disse Ruth Benedict (2014), a cultura é como uma lente pela qual as pessoas veem o mundo, e há milhares de lentes. Vale, então, perguntarmos: Como é a nossa lente? Como essas lentes nos permitem compreender os diferentes aspectos da política?

(1.2)
Política e poder

Até o momento, conceituamos a antropologia e seu principal objeto de estudo, a cultura. Agora, definiremos política e o fazer política.

Segundo Kuschnir (2007b), a antropologia procura compreender como os diferentes atores sociais de um grupo interpretam e experimentam a política, com todo o seu conjunto de significados atribuídos aos objetos e às práticas relacionadas ao mundo político.

Em um conceito simples, *política* é um conjunto de procedimentos que expressam, de alguma forma, as relações de poder e que orientam a resolução dos conflitos e dos problemas no que diz respeito aos bens de uma coletividade. Isso significa que há duas premissas básicas que precisam ser levadas em consideração.

A primeira é que toda sociedade, em maior ou menor grau, é heterogênea e, por isso, pode apresentar múltiplas formas de interpretar a realidade. A segunda é que o poder – um elemento social distribuído de forma desigual na sociedade – é a capacidade de influenciar alguém a fazer algo que, de outra forma, não o faria, como propõe Robert Dahl (citado por Reed, 2014).

Isso sugere que a antropologia pode contribuir para os estudos sobre o poder analisando como esse conceito se forma nos diferentes grupos sociais – que são seus articuladores –, e como esse processo, simbólico ou não, opera e organiza as desigualdades inerentes a todas as sociedades, por mais igualitárias que elas possam parecer.

A política e o poder operam dentro de organizações políticas, as quais são elementos culturais que carregam consigo todo um conjunto de valores e ideias comuns e compartilhados pelos membros de um grupo e direcionam suas atividades a fim de alcançar determinados objetivos, como manter a ordem social, o bem-estar e a integridade da sociedade. Esses elementos culturais podem estar atrelados a diferentes esferas simbólicas e de organização social. Existem três esferas principais.

A primeira é o **parentesco**. Em todas as sociedades, encontramos alguma forma de família e o sistema de parentesco tem-se apresentado como um dos elementos universais da cultura. Os primeiros estudos sobre esse assunto foram realizados no século XIX e observaram as diferentes maneiras que os grupos sociais utilizam para classificar os parentes e toda a complexa organização de posições e relações que envolve a ideia de família.

O sistema de parentesco nada mais é do que a estruturação de relações entre indivíduos com base em laços reconhecidos socialmente, os quais, de acordo com o costume de cada povo, promovem diferentes *status* de relacionamentos de afinidade (casamentos, por exemplo), consanguinidade (pais e filhos) ou pseudoparentesco (apadrinhamento). Esses *status* podem ser determinantes, por exemplo, na organização de moradias, no estabelecimento de arranjos matrimoniais, na constituição de linhagens ou clãs e em outras práticas que visam fortalecer o elo entre grupos familiares e, por conseguinte, a manutenção do poder e do controle político.

A segunda esfera simbólica e de organização social é a **economia**, na qual estão presentes as ações e as práticas relacionadas ao modo como os grupos conseguem, utilizam e administram seus recursos, da caça à produção industrial, para satisfazer suas necessidades primárias e secundárias. Todas as sociedades, pequenas ou grandes, produzem e consomem bens e, para tal, precisam de algum aporte tecnológico. Quanto mais limitado é esse aporte, menor é a capacidade de produção da comunidade. Por exemplo, povos que vivem apenas da caça e da coleta de raízes dispõem de pouquíssimo aporte tecnológico em relação àqueles que dominam a agricultura ou os modelos fabris.

A economia estuda os sistemas de produção e, consequentemente, a divisão do trabalho. Aliás, essa divisão, também considerada uma característica universal (presente em todas as sociedades), obedece a diversas regras – seja pelo sexo e pela idade, seja por habilidades aprendidas –, que têm motivações mais culturais do que biológicas.

A divisão do trabalho também configura a criação e a definição de *status* social, que sofre influência da organização de parentesco, da religião e da ordenação política. É aqui que começamos a identificar a criação dos conceitos de propriedade e de privilégios, que reforçam a posição de *status* e de poder nas sociedades.

A terceira esfera simbólica é a **religião**, outra prática universal: todas as sociedades apresentam uma série de crenças embasadas no mundo sobrenatural que subsidiam normas de comportamento social e explicam variáveis ambientais sobre as quais não temos controle. Essas normas estabelecem certo domínio sobre as pessoas e sobre as relações entre elas e com o mundo.

A religião é um conjunto de construções e práticas simbólicas interligadas que definem o modo de interpretar o mundo e o que é certo e errado. Assim, ela tem significativa capacidade de influenciar a organização social, mesmo em uma sociedade com grande diversidade de crenças como a brasileira. Uma pessoa, ainda que não seja religiosa, acaba por seguir determinados preceitos constituídos na religião. Por exemplo, os feriados religiosos cristãos, como o Dia da Padroeira Nossa Senhora Aparecida ou o *Corpus Christi*, valem para todos os brasileiros, cristãos ou não, mesmo o Estado brasileiro sendo constitucionalmente laico, isto é, não adepto nem sujeito a qualquer religião. Ela também influencia o sistema de parentesco, a estruturação do trabalho e a economia, estabelecendo ou reforçando laços e *status* sociais.

As esferas de organização social não são as únicas, mas a reflexão sobre elas já permite observar quão interdependentes são os elementos culturais e suas práticas simbólicas. Além disso, evidencia que eles se influenciam e geram um sentido único da operação do poder para cada grupo social e para cada membro desse grupo.

Uma forma de classificar a sociedade é identificar se nela existem ou não mecanismos e instituições, principalmente aqueles relacionados ao Estado. Segundo Gomes (2008), observa-se a presença do poder em dois tipos de sociedades: as igualitárias e as desiguais. Explicando as primeiras, podemos entender melhor as segundas, como a brasileira.

Antigamente, eram qualificadas como sociedades igualitárias aquelas que não contavam com um aparato de Estado que regulamentasse e estabelecesse as relações de poder. Contudo, se não há Estado, que agente realiza essa função? Ora, são justamente outros elementos culturais que exercem essa regulamentação e legitimam o poder. Mesmo nas sociedades ditas mais simples, os pesquisadores identificaram pessoas e grupos que demonstram ter alguma autoridade entre os demais. A legitimidade da regulação desse poder, mesmo sem a presença do Estado, é mantida por estruturas que são responsáveis por agregar famílias, clãs e classes distintas para a sobrevivência em relação a outros grupos sociais. Isso é feito considerando-se características como idade, *status*, capacidades e habilidades diversas, sexo, parentesco, entre outras, com as mais diferentes configurações, mas que fazem sentido para esses povos.

Isso nos leva a outra reflexão: Como esse poder se constitui em tais sociedades? É de se supor que, naquelas que contam com Estado, há mecanismos que garantem a obediência às hierarquias de poder político. Contudo, em sociedades igualitárias, a submissão à obediência é mais sutil e complexa.

Para o antropólogo Pierre Clastres (2003), as ditas sociedades primitivas são aquelas sem Estado. Isso, no entanto, não significa que elas são incompletas ou inferiores. Para ele, o poder pode ser: **coercitivo**, quando existem aparatos institucionais que pressionam os membros de uma sociedade à obediência; ou **não coercitivo**, como ocorre quando a obediência se dá pelo exemplo e pela persuasão, para a implementação de uma proposta ou um plano que organiza o grupo, como o exemplo do que acontece em sociedades que não dispõem do aparato do Estado.

Clastres (2003) cita três características fundamentais que, quando relacionadas à reciprocidade, determinam as relações de poder nesse tipo de sociedade.

1. **Parentesco** – Define papéis sociais e organiza a vida em comunidade. O poder pode ser exercido por aqueles que têm respaldo familiar e alianças por parentesco, advindas de casamentos, por exemplo, que dão condição para o exercício da autoridade. O estabelecimento de laços de parentesco possibilita ao líder a troca da obediência dos indivíduos pelo favorecimento na hierarquia social.
2. **Dom da palavra** – Permite que aquele que tem habilidade com as palavras consiga persuadir como orador, conselheiro ou guardião das tradições orais. Esse líder, ao fazer uso da palavra, espera obter em troca o respeito e a promessa da obediência.
3. **Doação** – Trata-se da exigência de que o governante seja generoso com os bens da comunidade e hábil com seus liderados para saber quando deve doar a eles. Socialmente, podemos identificar esse ato como o momento em que o líder se coloca em posição de dívida perante os liderados – e se compromete a pagá-la. Esse mecanismo de troca está muito mais atrelado, portanto, aos aspectos econômicos da vida social. Ao doar, o chefe torna-se credor da sociedade e obtém, assim, a obediência. Esse processo exige que o líder seja hábil no acúmulo de riquezas para seu povo, a fim de manter esse método e permitir trocas futuras constantes.

As sociedades sem Estado, então, não são desprovidas de relações de poder. Clastres (2003) considera que, nesse tipo de organização social, predominam as relações de poder que não apresentam aspectos coercitivos. Além disso, nelas não há a procura da manutenção de uma igualdade entre seus membros nos mesmos parâmetros que encontramos nas sociedades em que há aparelho estatal. Assim, provavelmente haveria a recusa da institucionalização do poder político por meio da criação de um Estado.

Clastres (2003) ainda afirma que é comum nessas sociedades estejam em constante estado de guerra. Isso equivale a dizer que elas estão sempre em conflito com outros povos. Tal situação acontece porque a guerra é uma das consequências da não aceitação dessas sociedades em criar mecanismos institucionalizados de hierarquia social que permitiam a resolução dos problemas e das diferenças internas, isto é, a fundação de um Estado.

Tudo isso decorre do fato de o ser humano ser mau por natureza, como afirmou Thomas Hobbes. O homem, então, é naturalmente egoísta porque necessita sobreviver individualmente no meio em que habita. Contudo, não podemos deixar de observar que existem mecanismos que reafirmam a desigualdade mesmo em sociedades que lutam contra isso, como mencionamos anteriormente.

Por mais que estejamos descrevendo sociedades consideradas primitivas, esses mecanismos parecem familiares, não é o mesmo? Afinal, eles também operam em nossa sociedade. Podemos observá-los no dia a dia, em nossas relações familiares, de trabalho, religiosas e políticas.

(1.3)
Conceito de antropologia da política

Após apresentarmos tantos conceitos, ainda que de forma rápida e genérica, agora podemos definir o que a antropologia da política procura investigar: o modo como os diferentes atores sociais vivem e experimentam a política, interagindo e atribuindo significados aos objetos e às ações relacionados a esse mundo.

Compreender o comportamento desses atores sociais permite fazer comparações e reflexões mais amplas sobre as organizações políticas em diferentes sociedades, formadas por estruturas difusas, compostas de diversas redes sociais que as mantêm. Isso gera uma multiplicidade de formas de compreensão da realidade por essas organizações, ou seja, ao analisá-las, podemos nos deparar com várias verdades.

O interesse da antropologia pela política existe desde os primórdios daquela ciência, uma vez que o estudo das sociedades e das relações sociais é estreitamente ligado à temática das relações de poder.

No contexto da tradição evolucionista, que marcou a fase inicial da antropologia, o foco de investigação recaía sobre as formas e os sistemas de poder em sociedades primitivas, cujas características deveriam ser comparadas e classificadas em relação ao sistema político das sociedades modernas, consideradas mais evoluídas. Propunha-se, então, uma linha evolutiva das formas de organização política, que começava com a horda primitiva e chegava ao Estado moderno. Nessa época, entre o fim do século XIX e o início da década de 1920, a grande maioria dos estudos antropológicos não tinha a política como tema central de interesse, nem a antropologia da política era pensada ou formalizada como uma subárea de estudos.

Com o avanço das teorias antropológicas, principalmente por meio das vertentes estruturais e funcionalistas, a política ganhou maior visibilidade nos estudos acadêmicos, com etnografias realizadas nas ex-colônias europeias. Muitas dessas análises procuravam compreender a ordenação política de sociedades que não tinham um sistema político formalizado, como é o caso do Estado nas sociedades ocidentais. Nestas, outros elementos organizativos demonstravam-se pertinentes para a compreensão da política e do poder, como os sistemas de parentesco, revelando as hierarquias e os mecanismos de coesão social.

As principais referências dessa época para a antropologia da política são autores como Alfred Radcliffe-Brown (1881-1955), Edward Evans-Pritchard (1902-1973), Meyer Fortes (1906-1983), Max Gluckman (1911-1975), Edmund Leach (1910-1989) e Victor Turner (1920-1983). Dos estudos publicados, destacamos *Sistemas políticos africanos* (Fortes; Evans-Pritchard, 2010) e *Os nuer* (Evans-Pritchard, 2002).

Em *Antropologia da política,* Kuschnir (2007a) apresenta uma indagação que é importante reproduzirmos aqui para nossa construção de conceitos – o que é certo dizer: *antropologia política* ou *antropologia da política*? É claro que a resposta mais óbvia é *antropologia da política,* até porque esse é o termo que temos empregado até o momento. Mas por que essa é a resposta?

A diferença é que, em *antropologia política,* a palavra *política* é um adjetivo, ou seja, representa uma qualidade ou uma característica e, assim, confere um aspecto político e ideológico ao pesquisador. Já em *antropologia da política,* o termo *política* deixa evidente que se trata do objetivo da pesquisa antropológica. Essa mudança de nomenclatura vem ocorrendo em vários países, mas ainda é possível encontrar o uso da denominação *antropologia política.*

Essa mudança é necessária para que não haja confusão entre o material etnográfico pesquisado e a posição político-ideológica do pesquisador, os quais devem ser tratados de forma distinta. É justamente o comportamento no processo de pesquisa em antropologia da política que será tema do próximo capítulo.

Síntese

Neste capítulo, exploramos alguns conceitos fundamentais da antropologia e conceituamos a antropologia da política, demonstrando, teoricamente, a importância científica da distinção entre as nomenclaturas *antropologia da política* e *antropologia política*.
Apresentamos, a seguir, um resumo conceitual dos assuntos discutidos nesse capítulo que auxiliará no estudo das relações políticas.

Conceito	Resumo
Antropologia	Ciência que pretende estudar o ser humano em sua totalidade.
Antropologia cultural	Vertente que observa o ser humano como produtor e transformador da realidade, que inventa e se reinventa de acordo com os elementos disponíveis no meio em que vive, definindo e redefinindo seus pensamentos e suas regras para melhor se adaptar à organização social e política, bem como às necessidades de sobrevivência. Isso remete ao conceito de cultura.
Cultura	"É todo o complexo que inclui o conhecimento, as crenças, a arte, a moral, a lei, os costumes e todos os outros hábitos e aptidões adquiridos pelo homem como membro da sociedade" (Taylor, 1871, p. 1, tradução nossa). É "uma totalidade, em todas as suas manifestações [...]. Invenções, vida econômica, estrutura social, arte, religião e moral, todas estão inter-relacionadas" (Boas, 2005, p. 103). "O todo global consistente de implementos e bens de consumo, de cartas constitucionais para vários agrupamentos sociais, de ideias e ofícios humanos, de crenças e costumes" (Malinowski, 1960, p. 56, tradução nossa).

(continua)

(conclusão)

Conceito	Resumo
Cultura	Está presente "quando coisas e acontecimentos dependentes de simbolização são considerados e interpretados num contexto extrassomático – face à relação que têm entre si, ao invés de com os organismos humanos" (White, citado por Sahlins, 2003, p. 108). O termo *extrassomático* deve ser entendido como algo independente do organismo humano. Já o comportamento do homem ocorre "quando coisas e acontecimentos dependentes de simbolização são considerados e interpretados face à sua relação com organismos humanos, isto é, em um contexto somático" (White, citado por Sahlins, 2003, p. 108). Nesse caso, *somático* relaciona-se ao organismo humano.
Política	Conjunto de procedimentos que expressam, de alguma forma, as relações de poder e que orientam a resolução dos conflitos e dos problemas no que diz respeito aos bens de uma coletividade.
Poder	Capacidade de influenciar alguém a fazer algo que, de outra forma, não o faria (Dahl, citado por Reed, 2014).
Antropologia da política	Área de antropologia que investiga como os diferentes atores sociais vivem e experimentam a política, interagindo e criando significados para suas ações relacionadas ao mundo da política.

Questões para revisão

1. A antropologia estuda o ser humano em sua totalidade. Isso significa que essa ciência estuda a humanidade nas vertentes:
   a) biológica, cultural e social.
   b) biológica, estrutural e social.
   c) psicológica, cultural e social.
   d) biológica, psicológica e social.
   e) econômica, social e espiritual.

2. O conceito de cultura, tratado cientificamente pela antropologia, procura compreendê-la como um fenômeno social. Assim, é correto dizer que a cultura:
   a) é definida como sabedoria – quanto maior é a sabedoria de uma pessoa, mais expressiva é sua posição na sociedade.
   b) não é aprendida pelo indivíduo, pois todos nascemos com uma base cultural presente em nossos genes.
   c) é aprendida pelo indivíduo sem a necessidade do envolvimento de outras pessoas. Por exemplo, o fogo foi descoberto por apenas uma pessoa.
   d) é um conjunto de saberes, comportamentos, crenças e costumes.
   e) equivale aos hábitos práticos diários de um grupo social.

3. Praticamente tudo a nossa volta são símbolos aos quais atribuímos um significado. Sobre esse conceito, analise as afirmativas a seguir e marque V nas verdadeiras e F nas falsas.
   ( ) Símbolos arbitrários são aqueles que não apresentam uma relação obrigatória entre as propriedades físicas e seu significado.
   ( ) Símbolos partilhados são aqueles que não apresentam um mesmo significado para diferentes culturas ou diferentes grupos sociais em uma mesma sociedade.
   ( ) Símbolos referenciais são aqueles que se referem a algo específico.
   ( ) Símbolos arbitrários e referenciais são aqueles que só existem para uma única sociedade.

   Agora, assinale a alternativa que apresenta a sequência correta:
   a) V, V, F, V.
   b) V, F, V, F.

c) F, F, V, F.
d) F, V, F, V.
e) V, F, F, V.

4. Analise as afirmativas a seguir e marque V nas verdadeiras e F nas falsas.
( ) Signo é o objeto ou a coisa material que significa algo.
( ) Significado é a representação atribuída a uma coisa ou a um objeto e que comunica uma ideia ou um valor.
( ) Significante é aquilo que atribui a representação ao objeto portador do significado.
( ) Não há relações entre signo, significante e significado.

Agora, assinale a alternativa que apresenta a sequência correta:
a) F, F, F, V.
b) F, V, F, F.
c) F, V, V, F.
d) V, V, V, F.
e) F, F, V, V.

5. Política é o conjunto de procedimentos que expressam, de alguma forma, as relações de poder e que orientam a resolução dos conflitos e dos problemas no que diz respeito aos bens de uma coletividade. Com base nesse conceito, assinale a alternativa correta:
a) Esse conceito pressupõe que as sociedades são heterogêneas.
b) O poder não se configura como um elemento social, mas antissocial.
c) O poder é um elemento social distribuído de forma desigual na sociedade.

d) O poder articula as práticas simbólicas dos líderes de determinada sociedade.

e) O poder sempre é imposto por um indivíduo ou pequeno grupo ao restante da sociedade.

6. Antropologia é a ciência que estuda o homem em sua totalidade. O que isso significa?

7. Uma as formas de se conhecer uma sociedade é a compreensão de seu sistema de representação simbólica. Para a antropologia, o que é um símbolo e como ele se forma?

Questões para reflexão

1. Elabore um conceito de cultura e apresente o significado de cada elemento que o constitui.

2. Pesquise o que é o *feminismo* e o compare com a antropologia da política. Procure evidenciar o que há de semelhante entre os dois conceitos.

3. Assista ao filme *Os deuses devem estar loucos* e elabore um quadro comparativo entre a estrutura de poder dos boxímanes e a de um Estado nacional de sua escolha.

> OS DEUSES devem estar loucos. Direção: Jamie Uys. Botswana; África do Sul: 20th Century Fox, 1980. 109 min.

Para saber mais

LARAIA, R. de B. **Cultura**: um conceito antropológico. 20. ed. Rio de Janeiro: J. Zahar, 2006.

Essa obra de Roque de Barros Laraia oferece um abrangente conteúdo sobre as diversas concepções de cultura, seu caráter dinâmico e como ela é compreendida em várias partes do mundo.

Capítulo 2
Fazendo pesquisa em
antropologia da política

Conteúdos do capítulo:

- Pesquisa de campo.
- Olhar, ouvir e escrever como etapas de pesquisa.
- Observação participante e suas problemáticas.
- Desafios da prática de pesquisa no campo da política.

Após o estudo deste capítulo, você será capaz de:

1. descrever as características e os métodos utilizados na pesquisa de campo;
2. distinguir as principais etapas do processo de pesquisa antropológica;
3. identificar os principais problemas que surgem durante a pesquisa de campo.

Tendo apresentado, no capítulo anterior, os fundamentos da antropologia e alguns de seus principais conceitos, podemos abordar os métodos de pesquisa dessa ciência e explicar como utilizá-los adequadamente para a compreensão dos fenômenos políticos com os quais nos deparamos na atualidade. Para tanto, aprofundaremos a explanação sobre o processo de pesquisa da antropologia em si.

O processo de pesquisa da antropologia utiliza várias ferramentas, muitas delas inspiradas em outras ciências, como a história e a biologia. Ao longo de seu desenvolvimento, a antropologia criou os próprios mecanismos de pesquisa e interpretação, sem entrar necessariamente em conflito com outros campos do conhecimento que também têm o ser humano como objeto de pesquisa.

Vale ressaltar que a antropologia é uma ciência que construiu a própria especificidade. Hoje, seus métodos de pesquisa não são abstratos ou especulativos, como em sua origem, até porque o ser humano não pode ser estudado do mesmo modo que uma planta ou um formigueiro o é. Só podemos compreendê-lo nos comunicando com ele, como explicou François Laplantine (2006).

Os métodos de pesquisa da antropologia não se resumem à coleta de grande quantidade de informações sobre uma sociedade ou um grupo social. A investigação implica áreas mais profundas da sociedade, de suas práticas e de suas ideias. Há quem diga que, para fazer uma boa etnografia, o pesquisador tem de vivenciar em si mesmo os principais aspectos da cultura que está estudando, pois somente assim seria capaz de fazer um levantamento etnográfico adequado. Mas o que é etnografia?

(2.1)
ETNOGRAFIA: O OLHAR, O OUVIR E O ESCREVER

Etnografia é o nome dado ao processo de pesquisa descritiva da cultura de determinado povo em que se observam seus mais diferentes aspectos, como linguagem, características físicas (raça), hábitos, costumes, religião, organizações sociais e políticas. É a chamada *ciência das etnias*, as quais, porém, não se restringem aos povos diferentes daquele de que fazemos parte.

A etnografia também está presente nas populações urbanas. Ela estuda e analisa os costumes, as crenças e as tradições de um povo. Interessa a ela também compreender como os conhecimentos são transmitidos de geração em geração e de que maneira esse processo permite dar continuidade a determinada cultura ou sistema social, investigando suas alterações por influências externas ou decorrentes da própria dinâmica cultural. A etnografia, portanto, torna-se uma experiência de imersão na cultura do outro para se obter um melhor entendimento de como os atores sociais percebem e interpretam sua realidade.

Essa imersão não pode ser feita sem um **método**. Oliveira (2006) observa que o processo de investigação da antropologia deve se dar em três etapas. Na primeira, o pesquisador precisa identificar os **fenômenos sociais**, classificá-los e tematizá-los. Para tanto, entra na segunda etapa, que consiste em questioná-los. Esse exercício origina a terceira etapa: a reflexão sobre aquilo que está sendo estudado. Dessa forma, Oliveira (2006) ensina que isso ocorre por meio do olhar, do ouvir e do escrever.

O **olhar** provavelmente é a primeira experiência que o pesquisador tem quando está em seu campo de investigação. Quando parte para a pesquisa empírica[1], seu olhar sobre o objeto de estudo já altera a forma como ele o vê. Confuso, não? Tentaremos explicar de forma mais detalhada.

O pesquisador é, em primeiro lugar, uma pessoa que está inserida em uma sociedade e tem cultura própria, ou seja, um modo específico de interpretação da realidade. Ele vê o mundo, portanto, através de um conjunto de filtros que lhe são dados pela cultura da qual é originário. Assim, como qualquer indivíduo, ele tem tendência de interpretar o outro com base no que conhece. Por isso, o objeto de pesquisa sofre alteração. A primeira reação daquele que está pesquisando algo é tentar entender o que está vendo partindo de um ponto de vista já formado. Dessa forma, o olhar do pesquisador (e o nosso também) precisa ser disciplinado para analisar o outro em sua essência. Não se deve investigar o objeto de pesquisa de forma ingênua, buscando nele apenas o que é exótico ou o que é familiar.

Por isso, o olhar deve estar preparado e fundamentado em um conjunto de teorias e hipóteses previamente formuladas que permitam que a pesquisa seja organizada de forma a compreender que os outros não são apenas pessoas diferentes, mas seres sociais, membros de uma realidade muito específica, cujas informações dão subsídios à pesquisa e podem confrontar sua hipótese.

Para que isso aconteça, é preciso realizar uma densa e exaustiva análise das informações coletadas sobre o grupo social estudado, levantando documentações históricas que revelem ao pesquisador as potenciais relações sociais existentes no campo de pesquisa e seus significados. Ao fazer isso, ele terá uma noção preliminar da estrutura de práticas simbólicas e de relações sociais, deixando seu olhar

---

1 *A pesquisa empírica é aquela que se apoia somente em experiências vividas e na observação de objetos.*

preparado para não cair no erro de interpretar o outro aplicando a ele os valores da própria cultura. Com isso, aquele que investiga pode utilizar outro recurso para a obtenção de dados: o ouvir.

O **ouvir** tem uma significação específica para um cientista social, assim como o olhar. Ao ouvir, o pesquisador tende a filtrar os ruídos que lhe pareçam insignificantes ou que não façam sentido no arcabouço teórico com o qual está trabalhando. Em uma entrevista, por exemplo, ele pode se deparar com informações que a mera observação não consegue alcançar. Nesse contexto, quando olha um evento, como um ritual, o pesquisador precisa compreender o sentido ou o significado do que está vendo. Por isso, as informações obtidas em campo por meio da oralidade são muito importantes.

Ao ouvir uma explicação dos membros do grupo social estudado, o pesquisador pode entrar um pouco mais em seu mundo (ou melhor, aproximar-se de sua forma de ver o mundo) e, assim, confrontá-lo com a própria realidade. Ao abrir mão de prejulgamentos, o cientista compreende um pouco melhor não apenas a cultura analisada e sua rede de significados, mas também a própria cultura.

O ouvir também envolve a relação entre o entrevistador e o entrevistado ou informante. Durante as pesquisas, o ato de ouvir pode conferir ao pesquisador um poder enorme sobre o informante, o que pode ser prejudicial para ambos. Por mais que o cientista procure estabelecer-se do modo mais neutro possível, esse poder intrínseco das relações sociais pode limitar a coesão das informações obtidas. Em outras palavras, sem perceber, o investigador pode direcionar o pesquisado a dar as respostas que gostaria de ouvir, criando uma hierarquia entre eles, o que prejudica a revelação da realidade da cultura estudada.

Um exemplo disso é uma entrevista de emprego. Grande parte das pessoas se sente acuada em uma ocasião como essa, com medo do que suas respostas podem provocar no entrevistador. Isso acontece porque, em situações desse tipo, uma relação de hierarquia se estabelece entre o entrevistador e o entrevistado. No caso da pesquisa antropológica, esse processo é o que dificulta a compreensão dos elementos culturais.

Para diminuir esse problema, é preciso criar uma relação dialógica com o interlocutor, ou seja, o pesquisador deve primar por um diálogo com o pesquisado e gerar uma nova forma de relacionamento, menos propensa à hierarquia entre eles. Ao se abrirem para o diálogo, eles quebram a lógica de oposição durante a entrevista e instauram um verdadeiro espaço de conhecimento.

Entretanto, é importante destacar que, na pesquisa antropológica, esse canal de interlocução somente se efetiva quando o pesquisador tem a habilidade de ouvir o nativo da mesma forma que será ouvido por ele. Trata-se de estabelecer uma relação entre iguais, sem receio de que isso possa contaminar o discurso nativo com elementos da cultura do cientista. Até porque, na realidade, a ideia de neutralidade pura não ocorre, visto que o investigador não é uma máquina sem sentimentos quando está em campo. Continua sendo tão humano quanto seu interlocutor.

Estando o pesquisador ciente disso, a realização do processo interativo abre as portas para o que os antropólogos chamam de *observação participante*, por meio da qual o investigador assume um papel dentro da sociedade que está estudando, e viabiliza sua aceitação pelos membros dessa sociedade.

O olhar e o ouvir fazem parte do processo investigativo e não podem ser tomados de forma isolada, pois é o conjunto que permite ao cientista percorrer o método de investigação e de busca pelo conhecimento. Dessa forma, ao vivenciar a cultura, o pesquisador tem condições de gerar um conhecimento autêntico sobre o grupo social estudado e reproduzir o que aprendeu, na etapa subsequente do processo descrito por Oliveira: o escrever.

Diferentemente do olhar e do ouvir, o **escrever** é a fase que não acontece necessariamente no campo de trabalho. Ela ocorre quando o cientista deixa o local estudado e se desloca a um ambiente fora de sua influência, refletindo sobre todas as informações apreendidas durante a pesquisa. Esse momento de reflexão é necessário para reestabelecer os elos entre as teorias e os materiais empíricos coletados durante a análise de campo.

É no escrever que o antropólogo se esforça para articular tudo o que coletou nos momentos do olhar e do ouvir. Por isso, em campo, tudo deve ser observado, anotado e, se possível, vivenciado, mesmo que aparentemente não esteja ligado diretamente com o que se pretende estudar. Afinal, uma cultura é feita da rede de relacionamentos formados pelos múltiplos símbolos e significados presentes nela. É o empenho de compreender todas as dimensões de relacionamentos econômicos, políticos, psicológicos, sociais e culturais que permite ao cientista entender o sistema complexo que organiza uma sociedade e dá sentido a seus elementos.

Talvez essa seja a maior colaboração que a antropologia pode dar à ciência política; pois, ao não fragmentar ou especializar o objeto de pesquisa, auxilia os cientistas políticos a compreenderem quão amplas são as conexões existentes entre as instituições que regulamentam o poder e o sistema político de determinada sociedade. Além disso, permite que a realidade seja apresentada de diversas formas, já que a interpretação de um grupo social sofre variações dependendo do pesquisador. Para explicar melhor essa ideia, lançamos mão do pensamento metodológico de se manter certo "distanciamento" entre o pesquisador e o grupo pesquisado.

No meio acadêmico da antropologia, é dito que, para desenvolver uma pesquisa de campo, o cientista precisa manter um "distanciamento" em relação ao objeto de estudo. Isso é importante para que ele se mantenha neutro e não seja afetado emocionalmente pela experiência da pesquisa, ou seja, trata-se de um mecanismo de proteção para o próprio cientista.

O modo de realizar a pesquisa é próprio de cada pessoa e não existe uma fórmula universal para isso. Assim, pode-se questionar a necessidade desse afastamento e alegar que ele se tornaria, de certo modo, um obstáculo para a vivência máxima do investigador no grupo social estudado. Tal distanciamento, no entanto, é importante para o cientista manter o foco e não ser absorvido pelo campo, evitando, assim, contaminar suas análises no momento do escrever, como se fosse um nativo falando de si mesmo.

Vale lembrar que o pesquisador é tão humano quanto seu interlocutor do outro grupo social. Isso significa que ele também pertence a um grupo, o qual contém um conjunto de valores, normas e ideias próprios sobre o mundo. Por mais que haja a busca pela neutralidade, o olhar, o ouvir e o escrever de um estudioso estão intimamente ligados a sua origem ou cultura e suas experiências de vida moldam sua forma de perceber o mundo.

Nesse sentido, cada observação ou interpretação acerca de determinada realidade é única. Assim, se duas pessoas forem a um campo de pesquisa com o mesmo objetivo, suas interpretações sobre o mesmo evento poderão ser absolutamente diferentes. De modo semelhante, se um pesquisador for a um mesmo campo em momentos diferentes, sua interpretação dos fatos observados será distinta. Por isso, é importante fazer o levantamento de todos os aspectos, mesmo daqueles que não parecem estar diretamente ligados ao objeto em análise. Por meio da descrição densa, o cientista pode, no momento de escrever, auxiliar os colegas a entenderem quais são os elementos que estão norteando os processos de observação e de pesquisa.

Talvez a melhor forma de compreender o que estamos tratando aqui seja por meio de um exemplo. Karina Kuschnir, antropóloga que se dedica ao estudo da política, realizou uma pesquisa entre 1995 e 1996 no Rio de Janeiro (Kuschnir, 2003). Em seu trabalho, concentrou-se em dois vereadores, aos quais foram atribuídos os nomes fictícios Marta Silveira e Ricardo Alves. A pesquisadora participou diretamente do cotidiano desses políticos, registrando todos os acontecimentos pelos quais passaram e seus diálogos. Ela teve a oportunidade de acompanhar atividades dos vereadores em gabinetes, encontros públicos, situações da vida familiar, momentos de panfletagem, festas e reuniões. Também teve acesso aos materiais de campanha e fez o levantamento das iniciativas dos parlamentares no Legislativo, dos ofícios e das cartas que eles escreveram.

A escolha de Marta Silveira e Ricardo Alves não foi aleatória. Kuschnir pretendia fazer um estudo comparativo sobre a vida política da cidade, levando em consideração aspectos como filiação partidária, estilo de formação, trajetória e atuação política. Marta Silveira era herdeira política do pai e tinha sua base eleitoral em um bairro do subúrbio do Rio de Janeiro. Demonstrava ter pouco interesse pela política partidária, valorizando mais seu trabalho de atendimento à comunidade, para o qual possuía um escritório fora da Câmara de Vereadores. Já Ricardo Alves foi escolhido para estabelecer comparação com o perfil de Marta.

Ricardo recebeu votos de quase todas as regiões da cidade, com predomínio da Zona Sul, mesma região em que Kuschnir morava. Sua carreira política sempre esteve mais ligada a partidos políticos de esquerda. Ele já ocupara posições na estrutura do Partido dos Trabalhadores (PT), ao qual estava filiado desde sua criação.

Diferentemente de Marta, Ricardo dedicava mais tempo ao trabalho legislativo e não dispunha de escritório fora da Câmara Municipal. Ao escolher Ricardo, Kuschnir acreditava que obteria dados que permitissem relativizar o material de pesquisa obtido em relação a Marta, contrastando os estilos de atuação de um ao de outro.

É interessante observar que, durante sua pesquisa, foi criado o rótulo *político tradicional*, aplicado àquele político que faz um atendimento mais pessoal ao eleitor, com trabalho concentrado nos bairros em que está sua base eleitoral. Ao político tradicional, era atribuída a imagem de ser antidemocrático ou populista, o que, na visão da autora, eram classificações depreciativas, já que ser "tradicional" caberia àqueles que promovem os mais diversos tipos de práticas ilegais, como corrupção, fraudes e desvios de recursos públicos. Em seu estudo, Kuschnir assume que tinha uma prenoção de política tradicional para Marta, por mais que não houvesse qualquer prova ou indício de que ela ou Ricardo tivessem cometido algum ato ilícito em suas vidas.

Kuschnir descreve:

> Desde o primeiro dia que passei em seu escritório, Marta disse que eu poderia frequentá-lo quantas vezes e por quanto tempo quisesse. Minha liberdade em campo era vista por mim e por alguns dos meus pares com reservas. Muitos pareciam surpresos pela oportunidade que eu havia obtido e sugeriram que devia haver alguma coisa "escondida". [...] Fica claro, assim, que, entre as pessoas e as informações que fazem parte do meu mundo cotidiano, meu objeto de pesquisa estava fortemente associado a práticas sociais de valor negativo. (Kuschnir, 2003, p. 23)

Podemos observar que a pesquisadora reflete sobre suas impressões no trabalho de campo e as expõe ao leitor. Sua interpretação daquele evento estava moldada, por assim dizer, por sua origem e por suas experiências. Embora procurasse a neutralidade, esta não existe em plenitude, como comentamos anteriormente. Kuschnir demonstrou que seu pensamento, enquanto estava no campo de pesquisa com Marta, foi se desmistificando e quebrando suas prenoções, mas também que os outros atores presentes naquele contexto tinham prejulgamentos sobre ela como mulher e como profissional. Isso significa que, da mesma forma que a pesquisadora procurava interpretar o campo, o campo também a interpretava.

Já com Ricardo Alves, as expectativas de Kuschnir eram diferentes. Eles tinham conhecidos em comum, moravam na mesma região e a pesquisadora tinha simpatia por sua conduta política. Apesar de não ter sido militante, ela sempre votava no PT, partido de Ricardo. Essa esfera com ar familiar impôs dificuldades à pesquisadora:

> *O conforto em achar que eu era praticamente uma "nativa" entre os assessores de Ricardo Alves me fez muitas vezes assumir pontos de vista equivocados a respeito das situações que observava. O convívio com assessores e principalmente com colaboradores de campanha me pôs em contato com o mundo da militância e do sindicalismo petista, com redes e referências totalmente estranhas para mim. O pressuposto de que Ricardo Alves sempre falava "abertamente" sobre tudo me fez subestimar a importância do uso das suas relações para influência sobre as decisões de órgãos públicos e junto à mídia. Também passaram despercebidos sérios conflitos entre pessoas que circulavam em torno de Ricardo Alves, como descobri em uma conversa informal, já nos últimos dias de campo.* (Kuschnir, 2003, p. 29)

É importante salientarmos que a as prenoções de Kuschnir poderiam colocar em risco as análises de sua pesquisa. Por isso, o ato de escrever, ou seja, afastar-se do campo e refletir sobre tudo o que viu e ouviu, permite ao pesquisador relativizar os dados que coletou, isto é, transformar o exótico em familiar e o familiar em exótico, conforme prescreveu Roberto DaMatta (1987). Isso significa que o pesquisador, quando em campo, deve questionar tudo aquilo que lhe pareça comum, analisando seu papel dentro do sistema organizacional do grupo estudado, por mais familiar que lhe seja, bem como buscar compreender muito bem aquilo que é diferente a ponto de soar corriqueiro e usual.

Neste ponto, a antropologia da política guarda um desafio em especial: promover estudos em campos que sejam familiares ao cientista. Segundo Gilberto Velho (2008), a distância entre o pesquisador e o pesquisado pode ser uma garantia para que aquele tenha condições de dar objetividade a seu trabalho. Tal conduta o ajudaria a ver a realidade com imparcialidade, evitando, assim, que seu julgamento e suas conclusões sejam deformados. Isso é algo que discutimos anteriormente, mas ainda não há consenso na academia a esse respeito.

A ideia de colocar-se no lugar do outro e de captar vivências e experiências particulares exige uma dedicação profunda, a qual não pode ser mensurada quanto à dedicação e ao tempo. Conforme observa Velho (2008, p. 123, grifo do original), "trata-se de problema complexo, pois envolve as questões de **distância social** e **distância psicológica**".

A questão que surge, então, é que, quando estuda grupos políticos, provavelmente o investigador o faz com base em sua sociedade ou em sociedades que apresentem diversos elementos culturais dos quais compartilha. No entanto, isso não significa que dois indivíduos que vivem em uma mesma sociedade estejam mais próximos do que dois indivíduos de sociedades diferentes. Isso ocorre em virtude das múltiplas possibilidades de conexões simbólicas existentes entre comunidades distantes e também pelo compartilhamento de conceitos similares, o que nos faz ser enganados por nossos olhos e ouvidos.

> Para exemplificar esse tema, convém mencionar o caso de quando fui estudar os grupos de motociclistas da cidade de Curitiba. Morávamos na mesma cidade, passávamos pelas mesmas ruas, falávamos a mesma língua, tínhamos as mesmas noções de família, organização política e religião, mas pertencíamos a mundos muito diferentes, pois nossos grupos sociais eram distintos.
>
> Eu, um estudante de classe média alta, usuário de carro, que costumava usar calças *jeans*, camisetas, óculos de grau e tinha fala mansa, percebi que estava cercado por homens barbudos, que usavam jaquetas de couro com aspecto de que nunca foram lavadas, andavam em motos de todos os tipos, falavam alto e xingavam os mais íntimos.
>
> Eles me olhavam estranhando minha presença. Era perceptível para eles que eu não pertencia àquele meio. Éramos como povos diferentes, pois compartilhávamos alguns elementos culturais, mas não vivíamos nos mesmos grupos sociais e, portanto, éramos absolutamente estranhos uns aos outros.
>
> Essa descrição era – e é – claramente um prejulgamento que foi desconstruído durante o processo de pesquisa. Após um ano de convivência, esse estranhamento não existia mais, pois conseguia entender quais eram os elementos simbólicos relevantes para eles. Não me tornei um deles, mas dominei seus códigos sociais.

De fato, a existência de experiências, elementos simbólicos e linguagem semelhantes ou com aspectos em comum pode gerar um nível de interação mais efetivo. É preciso reforçar, porém, que falar a mesma língua não torna dois sujeitos iguais. Restringindo nossa análise ao aspecto linguístico, lembramos que existem muitas diferenças em uma mesma sociedade. No Brasil, a forma de falar da Região Sul é muito diferente da usada na Região Norte, que, por sua vez, é distinta da maneira de falar da Região Centro-Oeste. Entre os habitantes de um país, apesar de falarem a mesma língua, existem grandes diferenças no vocabulário e podem ser atribuídos significados e interpretações diferentes a palavras, expressões e construções linguísticas.

(2.2)
Etnocentrismo e relativismo cultural

Outro aspecto relevante relacionado ao que estamos discutindo são as noções de etnocentrismo e de relativismo cultural.

Etnocentrismo é um conceito construído pela antropologia e remete à origem dessa ciência. Diz respeito ao comportamento de um indivíduo ou de um grupo que interpreta o mundo e julga as pessoas com base em opiniões e conceitos próprios de sua sociedade.

Dessa forma, aquilo que é diferente de sua cultura é, muitas vezes, considerado errado ou inapropriado. Percebemos isso, por exemplo, no que respeita aos códigos de como se vestir e sobre o que falar, principalmente os ligados à religião e ao comportamento sexual e de parentesco. Portanto, etnocentrismo é um comportamento por meio do qual uma pessoa vê o mundo tendo como referência apenas os próprios valores e hábitos. As formas mais radicais de etnocentrismo estão presentes no pensamento e no sentimento de superioridade, como ficou registrado na história ocidental com o fascismo e o nazismo.

Já o conceito de **relativismo** utilizado pela antropologia foi cunhado com base no pensamento filosófico da relatividade do pensamento, que considera não existir uma verdade ou um valor absoluto. Assim, todos os pontos de vista são válidos e relevantes.

Na antropologia, o relativismo cultural é um método de análise que imputa ao pesquisador a necessidade de observar o outro sem usar qualquer meio ou parâmetro de prenoção e realizar o estudo de outros sistemas culturais sem preconceitos, focando na compreensão de como se dá a construção da lógica de pensamento e dos códigos socioculturais, sem julgá-los como certos ou errados. Desse modo, o pesquisador procura ver, observar, analisar e compreender o mundo pelos olhos do outro. Esse é um dos maiores desafios do cientista na antropologia. O interessante é que, ao agir dessa forma, ele pode criar percepções sobre a sociedade analisada que não seriam possíveis pela visão etnocêntrica.

Porém, cabe aqui fazermos um alerta: todos nós, incluindo nossos colegas de estudo ou de trabalho e os membros de nossas famílias, somos, em certa medida, etnocêntricos, mas isso não é necessariamente ruim. Somos etnocêntricos porque fazemos parte de uma cultura, que define o que é certo e errado para nós. Logo, portamos uma verdade, a qual é digna de ser defendida e vivida como tantas outras. Como cidadãos, entretanto, devemos respeitar uns aos outros. Por isso, um pesquisador deve ter a consciência de que sua verdade é apenas uma entre tantas outras possíveis, que são igualmente válidas e devem ser entendidas no contexto social em que foram formuladas e são vividas.

Figura 2.1 – O que é certo ou errado?

As ciências sociais estão presentes nessa conjuntura, entrando em áreas que antes não eram exploradas, revisitando premissas e questionando o que é tomado como verdade absoluta. Contudo, cada um de nós tem características próprias, como origem social, formação, orientações teóricas e posições ideológicas, que podem gerar infinitas possibilidades de interpretação. Ao adotarmos uma das formas de entender a realidade, de acordo com as perspectivas que filtram nosso olhar e nosso ouvir, devemos ter em mente que ela será uma entre várias outras igualmente válidas.

Raphael Hardy Fioravanti

Por último, é preciso discutir algumas questões práticas sobre a pesquisa de campo na área da política. Afinal, organizar uma análise com políticos ou durante eventos políticos envolve uma série de particularidades. Segundo Kuschnir (2007a), nessa empreitada, há sete desafios principais:

1. **Acesso aos candidatos** – Traduz-se pela complexidade na obtenção de alguns dados relativos aos candidatos, como números de telefones, endereços de *e-mails*, divulgação da agenda, sucessivas ações ou intermediações de terceiros e desconfiança dos intermediários ou dos políticos no que diz respeito aos objetivos da pesquisa. A falta de controle sobre o cronograma de trabalho também é um dos grandes obstáculos, pois o tempo não é ditado pelo pesquisador, mas pelos pesquisados. Para minimizar o problema, é importante que o cientista tenha uma rede de relacionamentos forte em comum com os pesquisados, seja por meio do local de trabalho do candidato, seja por meio de amigos, parentes ou outro tipo de relação pessoal.
2. **Garantia de participação nos eventos de campanha** – Refere-se ao fato de as campanhas eleitorais apresentarem uma dinâmica acelerada que envolve múltiplas atividades, como panfletagem, reuniões em locais públicos e privados, jantares, carreatas e passeatas. Muitos dos lugares utilizados pelas campanhas são de difícil acesso por causa de fatores como distância, falta de meios de transporte, horários em que as atividades são realizadas ou restrição de presença de pessoas estranhas.
3. **Calendário e cronograma de eventos** – Revela-se na dificuldade de obtenção de informações claras, o que representa grande pressão no tempo disponível para a pesquisa, já que ela é marcada pelos prazos e pelos movimentos dos eventos, que têm dia e hora

para acabar – o início depende dos atores envolvidos. Dessa forma, o sentimento de impotência, a dependência da boa vontade de políticos e assessores, os parcos recursos para acompanhar os eventos e o calendário rígido das eleições pressionam o pesquisador no campo.

4. **Questões de gênero ou pessoais** – Aplicam-se principalmente às mulheres, que podem sofrer constrangimentos pelo fato de estarem em um ambiente predominantemente masculino. Sentimentos de medo, insegurança, timidez, indignação e inadequação também podem ocorrer e ser experimentados durante a pesquisa, principalmente se houver práticas que vão contra as crenças e os valores pessoais do(da) cientista.

5. **Uso político da pesquisa pelos candidatos** – Trata-se de uma realidade a que todos os pesquisadores estão sujeitos, pelo fato de serem ligados à intelectualidade e à academia. Por isso, a figura do cientista costuma ser utilizada pelos políticos para alcançar determinados públicos, quando acreditam que essa atitude pode lhes conferir algum tipo de ganho de imagem. O pesquisador também pode ser pressionado a opinar sobre o candidato e a emitir publicamente sua intenção de voto. Além disso, ações como utilizar adereços ou ajudar na campanha são frequentes. Por mais desconfortável que isso possa ser, essas práticas são fundamentais para a manutenção dos laços entre pesquisador e pesquisado, embora possam gerar consequências que vão contra os objetivos do estudo.

6. **Tratamento cuidadoso das fontes de informação** – Reporta-se à habilidade do investigador para perceber as diferenças entre as fontes de informação a fim de evitar nivelá-las de forma rasa. Isso ocorre porque, durante a pesquisa, são utilizadas diversas fontes de informação, como textos biográficos, jornais, panfletos,

documentos oficiais, fotografias e discursos. Cada um desses documentos apresenta um contexto próprio, seja histórico, seja cultural, e estão comprometidos com sujeitos sociais, públicos ou privados.

7. **Divulgação dos resultados da pesquisa** – Relaciona-se ao compromisso do estudioso em manter o anonimato de seu objeto de pesquisa, já que se trata de uma ou de mais pessoas públicas. Por mais que haja um acordo tácito de não revelar segredos, comentários pessoais ou práticas lícitas ou ilícitas, a divulgação ou a identificação dos nomes dos envolvidos, mesmo de forma involuntária, pode gerar consequências negativas para qualquer uma das partes. Assim, quando tem acesso a informações que só estão presentes nos bastidores da política, o investigador deve, muitas vezes, abrir mão de divulgar certos fatos que podem enriquecer muito seu estudo, mas cujas consequências seriam gravíssimas. A reflexão sobre o que pode ou não ser divulgado deve ser feita com extrema parcimônia.

O pesquisador precisa ter consciência de que seu trabalho envolve pessoas e organizações que adotam dinâmicas próprias e ritualizadas. Assim, a forma como ele atua pode afetar significativamente a vida de muitas pessoas e, por isso, ele deve refletir sobre as condições em que os dados são obtidos, identificar sua forma de construção, classificar as informações e analisá-las com responsabilidade e ética. No próximo capítulo, estudaremos mais detalhadamente os rituais políticos.

Estudo de caso

Eleições no Rio de Janeiro
Em 1999, foi publicado o livro *Eleições e representação no Rio de Janeiro*, de Karina Kuschnir (1999b), no qual ela resgata a pesquisa realizada

em sua dissertação de mestrado. A autora fez uma análise de vereadores do Rio de Janeiro de 1992 a 1998, com o propósito de compreender a relação deles com vários grupos de cidadãos, entre os quais eleitores, outros parlamentares, funcionários públicos e jornalistas.

A pesquisa foi desenvolvida em duas fases. A primeira ocorreu entre os anos de 1992 e 1993, quando Kuschnir realizou seu trabalho de campo na Câmara Municipal do Rio de Janeiro. A segunda etapa ocorreu entre 1994 e 1998, quando a pesquisadora teve a oportunidade de estudar dois grupos políticos cariocas distintos, observando suas formas de participação na Câmara Municipal da capital e na Assembleia Legislativa do Estado do Rio de Janeiro. Nessa fase, ela analisou a estrutura do mandato dos vereadores, as formas de relacionamento com os eleitores e com os assessores, bem como a história e a trajetória desses políticos no parlamento.

Para isso, Kuschnir teve de realizar uma imersão no campo pesquisado: durante dois meses, fez visitas diárias à Câmara Municipal do Rio de Janeiro e acompanhou processos eleitorais municipais, rituais de diplomação e de posse e todas as outras etapas da instalação de uma nova legislatura, participou de sessões do plenário e manteve contato com os vereadores. Além disso, utilizou material impresso, documentos oficiais da casa legislativa e reportagens e boletins do Tribunal Regional Eleitoral do Rio de Janeiro (TRE-RJ)

No decurso do estudo, Kuschnir percebeu a importância de buscar várias fontes de informação, pois assim seria possível confrontar dados que pareciam ser contraditórios e lidar com diferentes versões sobre um mesmo acontecimento ou tema.

> Certa vez, durante uma entrevista, um vereador me explicou que nunca recebia pedidos relacionados a bens materiais. Minutos depois, ficou constrangido ao ser abordado por um rapaz que pedia tijolos e cimento na

> *minha presença. Em outra ocasião, um vereador vangloriou-se de ter uma votação bem distribuída por toda a cidade. De posse dos boletins do TRE, pude constatar que a grande maioria de seus votos concentrava-se em apenas duas zonas eleitorais.* (Kuschnir, 1999b, p. 13)

Na coleta de dados, a estudiosa constatou a importância da observação direta do cotidiano dos vereadores, pois isso poderia gerar várias informações com múltiplos pontos de vista sobre uma mesma questão. Segundo Kuschnir (1999b), a perspectiva antropológica assegura um tipo de informação mais complexa do que trabalhos que fazem uso apenas de produção literária, como diários oficiais e anais da Câmara. Ela constatou que esses documentos conseguem registrar no máximo 30% do total das palavras proferidas pelos vereadores.

Deve estar claro, porém, que a coleta de dados de informações nunca é uma tarefa fácil quando envolve estudos de política. Como um dos principais objetos de pesquisa cientista dessa área, os políticos estão acostumados a controlar do uso das palavras, procurando sempre manter um caráter estratégico em seu discurso. O que é dito e como é dito sempre é pensado de acordo com as necessidades de criação de alianças e de ganho de votos. Assim, a autora observou que esse é um universo social no qual a informação é alvo de manipulações, distorções e disputas permanentes (Kuschnir, 1999b). A entrada no campo de pesquisa também não é fácil.

> *Como em muitas pesquisas de campo, no início também não foi simples para os "informantes" estabelecer que tipo de informações dar a uma "pesquisadora". Com frequência ocupei o lugar de jornalista [sua formação inicial] – figura sempre presente no cotidiano dos parlamentares, com quem se conversa com uma certa liberdade, desde que gravadores e câmeras estejam desligados.* (Kuschnir, 1999b, p. 14)

Assim como Kuschnir, outros pesquisadores já constataram que muitas das informações relevantes só surgem se não há os mecanismos de registro. Sempre que se liga o gravador ou os entrevistados veem um bloco de anotações, a forma, o discurso ou até mesmo a qualidade dos relatos muda. Os informantes precisam estar seguros de que o conteúdo a ser divulgado não os prejudicará.

Com relação aos resultados da pesquisa de Kuschnir, alguns dos pontos principais são os processos de mediação presentes no cotidiano do mandato de vereador, muito bem trabalhados por ela.

Segundo Kuschnir (1999b), na época da investigação, ao ser eleito, um vereador tinha direito a uma equipe formada por 35 assessores. Conforme as diretrizes que a Câmara seguia, 10 desses assessores deveriam ser requisitados entre os funcionários efetivos da casa, 5 seriam cedidos pela Prefeitura e 20 serviam de "cargos comissionados", ocupados por pessoas de confiança durante uma legislatura.

Os 35 membros eram distribuídos em três tipos de assessoria: administrativa, legislativa e política. A primeira era responsável pela burocracia. A segunda era composta por pessoas incumbidas de auxiliar o vereador na elaboração e na execução de projetos ou de qualquer outro tipo de ato legislativo. Já à terceira cabia intermediar o contato do vereador com a população (Kuschnir, 1999b).

Todo candidato eleito tinha direito a um gabinete de aproximadamente 32 m² no Palácio Pedro Ernesto ou no Edifício Anexo à Câmara Municipal. As dependências de cada gabinete eram decoradas de acordo com a preferência e o gosto do vereador. Eram comuns autorretratos, fotos da família, artigos de campanhas, entre outros objetos. A organização do tempo de trabalho nos escritórios era sempre diferente, variando de acordo com o perfil do parlamentar (Kuschnir, 1999b).

Há o relato de uma variedade muito grande de problemas que eram apresentados para os vereadores. Alguns criticavam a população por não compreender que seus poderes não eram os mesmos de um prefeito; outros alegavam que os eleitores eram "insaciáveis". O importante é que a autora destaca que esses problemas eram classificados em duas categorias: *pessoais/materiais* e *coletivos/políticos*. O primeiro estava presente em situações de assistencialismo e, o segundo, em questões ideológicas. O Quadro A expõe os principais aspectos relacionados ao eleitor e ao vereador na comparação entre assistencialistas e ideológicos, conforme Kuschnir (1999b).

Quadro A – Tipos de eleitores e de políticos

	Assistencialistas	Ideológicos
Eleitor	Individual Grupos locais Relação pessoal Necessidade Gratidão	Coletivo Movimento organizado Relação "política" Reivindicação Direito
Vereador	Assistência Benfeitor Patrono	Trabalho "Instrumento" Porta-voz

Fonte: Kuschnir, 1999b, p. 43.

A autora afirma que, independentemente da classificação do vereador, a relação com o voto e a população sempre era tida como uma situação de débito do vereador perante os eleitores, o que implicava um retorno do vereador quando requisitado. Portanto, "a vereança tem sempre uma **vertente de assistência** à população" (Kuschnir, 1999b, p. 45, grifo do original).

A ida dos eleitores aos gabinetes não representava somente a busca pela solução de um problema, mas também um ato que pretendia avaliar a conduta do candidato e se ele havia abandonado o povo. De acordo com Kuschnir (1999b), o objetivo do eleitor era verificar se o candidato havia permanecido como era quando assumiu o cargo, como um sinal de fidelidade.

Síntese

Neste capítulo, exploramos algumas ideias que ajudam a realizar os processos de levantamento e de tratamento de dados por meio da antropologia. A seguir, apresentamos um resumo dos conceitos abordados no capítulo.

Conceito	Resumo
Pesquisa de campo	*Etnografia* é o nome dado ao processo de pesquisa descritiva de uma cultura, em que se observam seus mais diversos aspectos, como linguagem, características físicas da população (raça), hábitos, costumes, religião, organizações sociais e políticas.
Método de pesquisa	Olhar, ouvir e escrever.
Comportamento do pesquisador	Transformar o exótico em familiar e o familiar em exótico (DaMatta, 1987).
Principais desafios da pesquisa de campo na antropologia da política	Acesso aos candidatos. Garantia de participação nos eventos de campanha. Calendário e cronograma de eventos. Questões de gênero ou pessoais. Uso político da pesquisa pelos candidatos. Tratamento cuidadoso das fontes de informação. Divulgação dos resultados da pesquisa.

Questões para revisão

1. O processo de pesquisa da antropologia herdou muitas de suas metodologias das seguintes ciências:
   a) biologia e história.
   b) filosofia e história.
   c) história e sociologia.
   d) geografia e química.
   e) linguística e filosofia.

2. *Etnografia* é o nome dado ao processo de pesquisa descritiva de uma cultura, em que se observam seus mais diversos aspectos. Sobre esse processo, é correto afirmar:
   a) É utilizado para se estudar somente povos diferentes do nosso.
   b) É utilizando apenas para o estudo de comunidades rurais e indígenas.
   c) Também é utilizado para estudar grupos sociais urbanos.
   d) Nela, ocorre a imersão do pesquisado no ambiente do pesquisador.
   e) Consiste em investigar as reações do pesquisado diante dos costumes da comunidade de origem do pesquisador.

3. Para Roberto Cardoso de Oliveira (2006), o processo de investigação da antropologia tem três momentos ou movimentos: olhar, ouvir e escrever. Sobre esse conceito, analise as afirmativas a seguir e marque V nas verdadeiras e F nas falsas.
   ( ) O olhar provavelmente é a primeira experiência que o pesquisador tem quando está no campo de pesquisa.
   ( ) O olhar deve estar baseado em um conjunto de teorias e hipóteses previamente formuladas.

( ) Ao ouvir, o pesquisador tende a não filtrar os ruídos que lhe pareçam insignificantes.

( ) O escrever deve ocorrer enquanto o pesquisador está em campo para que ele reflita melhor sobre o que está vivenciando.

Agora, assinale a alternativa que apresenta a sequência correta:

a) F, V, F, V.
b) V, V, F, F.
c) V, V, F, V.
d) F, V, V, F.
e) V, F, F, V.

4. Durante a pesquisa de campo nos estudos da antropologia da política, o pesquisador pode se deparar com uma série de desafios. Sobre esses desafios, analise as afirmativas a seguir e marque V nas verdadeiras e F nas falsas.

( ) Acesso aos candidatos: deve ser sempre executado, inicialmente, via ofício, por questões éticas.

( ) Calendário e cronograma de eventos: estão sempre disponíveis e atualizados nos escritórios dos políticos, com sua equipe de assessores.

( ) Uso político da pesquisa pelos candidatos: ocorre porque o pesquisador tem sua imagem ligada à intelectualidade e à academia.

( ) Questões de gênero ou pessoais: as mulheres estão mais suscetíveis ao constrangimento pelo fato de estarem em um ambiente predominantemente masculino.

Agora, assinale a alternativa que apresenta a sequência correta:

a) V, F, V, F.
b) V, F, V, V.
c) F, F, V, V.
d) V, F, F, V.
e) F, V, F, F.

5. Quando Roberto DaMatta (1987) diz que o pesquisador deve transformar o exótico em familiar e o familiar em exótico, isso significa que, em campo, o cientista deve:
   a) questionar tudo aquilo que lhe pareça estranho.
   b) identificar o que é comum para si.
   c) buscar os elementos mais estranhos e concentrar-se neles.
   d) questionar tudo aquilo que lhe pareça comum.
   e) ignorar por completo tudo o que lhe pareça comum.

6. Durante o processo de construção de uma etnografia, o pesquisador segue três passos fundamentais: o ver, o ouvir e o escrever. Por que o ato de escrever é tão importante?

7. Quais são as principais diferenças entre o etnocentrismo e o relativismo?

Questões para reflexão

1. Escolha uma foto de um evento que tenha sido publicada em um jornal ou outro meio de comunicação. Identifique nela todos os símbolos que lhe são comuns.

2. Procure na internet a reportagem feita sobre o casamento do sul-africano Sanele Masilela. Apresente o caso a seus amigos e pergunte a opinião deles. Verifique quantos farão uma reflexão sobre o caso sem criticá-lo.

Para saber mais

KUSCHNIR, K. **Antropologia da política**. Rio de Janeiro: J. Zahar, 2007. (Coleção Passo a Passo, v. 79).

A obra de Karina Kuschnir permite conhecer mais sobre as diversas concepções de cultura, o caráter dinâmico dessa característica humana e como ela é considerada em várias partes do mundo. Trata-se de um manual prático de grande importância, que traz um panorama geral sobre teorias e linhas de pesquisa no Brasil. Também há na obra orientações sobre como proceder durante uma pesquisa política.

CAPÍTULO 3
Rituais na política

Conteúdos do capítulo:

- Rituais.
- Mitos.
- Relação entre rituais e mitos.
- Rituais como *performance*.
- Rituais políticos.

Após o estudo deste capítulo, você será capaz de:

1. distinguir os conceitos de mito e de rito para a antropologia.
2. relacionar mitos e ritos.
3. identificar como os conceitos de mito e de rito podem ser utilizados na pesquisa das ações políticas.

Para continuarmos nosso estudo sobre a antropologia da política, precisamos compreender o que são rituais e como eles operam em uma sociedade para, então, verificar de que modo sua análise permite compreender os atos políticos em uma sociedade. Para tanto, seguiremos os estudos realizados por Mariza Peirano (2002).

(3.1)
O QUE SÃO RITUAIS?

No imaginário coletivo, é comum associar a palavra *ritual* à ideia de religião ou magia, não é mesmo? A religião e a magia são ferramentas que nos ligam ao mundo sobrenatural, cujos eventos, acreditava-se, podem influenciar ou até mesmo dirigir nossas ações e nossos destinos. Esses elementos culturais estão interligados a tantos fatores que não podem ser pensados de forma dissociada, assim como a política.

Resumidamente, a religião (ou a magia) pode ser vista como um sistema de crenças e práticas que constroem uma visão de mundo. De certa forma, a política também é assim, isto é, um sistema que organiza e explica a sociedade por meio de um conjunto de ideias que normatizam o jeito de viver das pessoas.

Os rituais não são ações exclusivas do mundo religioso; afinal, se os conceituarmos, veremos que são manifestações, individuais ou coletivas, que expressam sentimentos e representações de algo significativo. As ações dos rituais são formadas por atividades padronizadas por meio das quais pessoas que as praticam agem como se seguissem um roteiro que revela as ideias, as atitudes e os sentimentos de todos os envolvidos.

Para entendermos um pouco melhor os rituais, vejamos alguns conceitos elaborados por Victor W. Turner (1974) para ritos de passagem, liminaridade e o que ele chama de *communitas*. Discutiremos como esses elementos estão presentes em diversas sociedades, principalmente as africanas.

Turner (1974) trabalha com a definição de *ritos de passagem* de Arnold Van Gennep (citado por Turner, 1974, p. 116), que dizia que os ritos "acompanham toda mudança de lugar, estado, posição social e idade". Assim, todos os ritos de passagem se caracterizariam por três fases distintas: separação, margem (limiar) e agregação.

A **fase da separação** diz respeito ao comportamento simbólico de afastamento de um indivíduo ou de um grupo de um ponto fixo da estrutura social, de um estado cultural ou de ambos. Na **fase do limiar**, as características do sujeito são ambíguas e situam-se em um domínio cultural de meio-termo. Poderíamos considerar, por assim dizer, que essas particularidades não têm qualquer relação com o estado anterior ou futuro do indivíduo.

Na terceira etapa, a **fase da agregação** do sujeito à ordem social, ele retoma certa estabilidade tendo novamente direitos e obrigações perante os demais. que desempenham papéis definidos e estabelecidos da estrutura social. Nesse momento, espera-se que o indivíduo aja de acordo com um conjunto de normas e padrões vinculados a uma (nova) posição social.

A preocupação de Turner (1974) recai justamente no período intermediário e indefinido, em que o indivíduo ou o grupo não está inserido em uma estrutura identificável. Os atributos da liminaridade fogem daqueles que podem ser classificados e que permitem determinar a localização de estados ou posições em um dado espaço cultural. Isso equivale a dizer que os atributos não estão nem aqui nem ali.

As entidades liminares, como aquelas pessoas que receberam recentemente o batismo em algum rito de iniciação ou alcançaram a puberdade, podem ser representadas como se nada possuíssem – podem se disfarçar de monstros e usar pouca ou nenhuma roupa para demonstrar que não têm *status* algum, como ocorre em algumas sociedades indígenas, por exemplo. Em outras palavras, são retirados dessas entidades todos os elementos culturais que poderiam identificá-las em determinada sociedade em relação aos demais membros que, com elas, compartilham determinadas simbologias e posições sociais.

Os fenômenos liminares oferecem uma mistura de submissão, santidade, homogeneidade e camaradagem. Nesses ritos, há um momento situado, simultaneamente, dentro e fora do tempo e da estrutura social profana de um vínculo social generalizado que deixou de existir como era e passou a estar fragmentado em uma multiplicidade de laços estruturais, os quais são organizados em castas, classes e hierarquias. O que o autor quer dizer é que há dois momentos: o de uma sociedade estruturada e no limiar e o de uma sociedade não (ou rusticamente) estruturada, na qual os indivíduos, vistos como iguais e não mais dispostos em uma hierarquia, submetem-se em conjunto àqueles que controlam o ritual.

Para distinguir essa modalidade de relação social de uma área de vida em comum, Turner (1974) emprega o nome *communitas*. Essa distinção não é apenas uma diferença entre o mundano e sagrado, não se trata simplesmente de dar um cunho geral de legitimidade às posições estruturais de uma sociedade; em verdade, consiste em reconhecer a existência de um laço humano essencial e genérico, sem o qual não poderia haver sociedade. A liminaridade implica, assim, que o alto deve saber e sentir o que é estar embaixo.

Turner (1974) conclui que a vida social é um tipo de processo dialético que abrange as experiências sucessivas de alto e baixo, *communitas* e estrutura, homogeneidade e diferenciação, igualdade e desigualdade. A passagem de um patamar mais baixo para um mais alto é realizada quando há ausência de *status*.

Como exemplo, o autor apresenta o rito de passagem para a posição mais alta da tribo dos ndembos[1], da Zâmbia – a do velho *Kanongesha* (chefe). Nesse rito, para assumir a posição de chefe, o eleito, acompanhado de sua esposa, veste apenas trapos e passa por diversas humilhações verbais. Isso é feito porque esse indivíduo ocupará um cargo elevadíssimo e precisa estar preparado para não ser dominado pelo poder. Dessa forma, o rito de passagem é como uma lição de humildade para eliminar dele qualquer sentimento que possa fazê-lo usar sua nova posição em proveito próprio e não para o bem-estar de seu povo. O processo ritual, portanto, visa eliminar os atributos pré e pós-liminares. Nesse caso, o calouro dever ser como um pote vazio que será preenchido com o conhecimento e a sabedoria do grupo. As humilhações têm o propósito de destruir seu aspecto anterior e refrear de antemão o mau uso de sua nova posição social.

As posições liminares podem ser vistas como perigosas, principalmente por aqueles cuja responsabilidade é dar continuidade à estrutura. Por isso, todas as manifestações são cercadas de prescrições, proibições e condições para que ocorram, pois representam um risco à ordem social. Nos ritos de passagem, acontece uma inversão de papéis, ou seja, os indivíduos estruturalmente inferiores são considerados moral e ritualmente superiores. É o que Turner (1974, p. 133) chama de "poderes dos fracos".

A estrutura social, no conceito de Lévi-Strauss (1908-2009), é essencialmente um conjunto de classificações, um modelo para pensar a respeito da cultura e da natureza e ordenar a vida pública de alguém. A *communitas*, assim, irrompe nos intervalos da estrutura – em sua borda, por assim dizer – e adquire um caráter sagrado, possivelmente porque transgride as normas que governam as relações

---

1   Ndembo foi uma sociedade secreta que influenciou fortemente o Congo Central.

estruturadas e institucionalizadas (Lévi-Strauss, 1955). Eliminam-se e depois recriam-se as ordens de parentesco, de economia e de política. Conforme Turner (1974), existiriam três tipos de básicos de *communitas*:

1. **Communitas existencial ou espontânea** – É aquela que pode ser identificada nos grupos de *hippies*. É a acentuação do imediatismo e contrasta com a estrutura social. Essa *communitas* pertence ao momento atual, ao aqui e ao agora, ao *happening*. Nela, os membros utilizam-se de símbolos ecléticos e sincréticos e realizam ações e liturgias extraídas de várias religiões. Ocorre com frequência o que o grupo chama de *expansão do pensamento* por meio do uso de drogas e da música, e busca-se a integração e a comunhão com tudo e com todos.
2. **Communitas normativa** – É aquela na qual a *communitas* existencial passa a organizar-se em um sistema social duradouro sob a influência do tempo, da necessidade de mobilizar e organizar recursos e da exigência de controle entre os membros do grupo na consecução dessas finalidades.
3. **Communitas ideológica** – É aquela que se aplica a uma gama de modelos que podem ser considerados utópicos. Consiste na tentativa de descrever os efeitos externos e visíveis de uma experiência interior da *communitas* existencial (na qual ela se baseia) e de enunciar claramente as condições sociais ótimas. Tanto este tipo quanto o normativo estão inseridos no domínio da estrutura. Elas são simbolizadas por categorias, grupos, tipos ou indivíduos estruturalmente inferiores.

A liminaridade é considerada um tempo e um lugar de retiro dos modos normais de ação social e pode ser entendida como um período de exame dos valores e dos axiomas centrais da cultura em que ocorre. Existem dois tipos de liminaridade.

A primeira é aquela que encontramos nos ritos de elevação de *status*, nos quais o sujeito é conduzido irreversivelmente de uma posição mais baixa para outra mais alta em um sistema institucionalizado de posições.

A segunda é aquela encontrada nos rituais cíclicos e ligados a um calendário, geralmente coletivo, segundo o qual, em determinados pontos culturalmente definidos do ciclo das estações, grupos ou categorias de pessoas que habitualmente ocupam baixas posições na estrutura social são positivamente obrigados a exercer uma autoridade ritual sobre seus superiores, devendo estes, por sua vez, aceitar com boa vontade a degradação provocada pelo processo. Esses são os **ritos de reversão de** *status*.

Turner (1974) também distingue dois tipos de rito:

1. **Ritos de crise de vida** – São aqueles em que o sujeito ou os sujeitos são marcados por momentos importantes de suas vidas, como nascimento, puberdade, casamento e morte. Esses ritos marcam o ingresso em um *status* mais elevado.
2. **Ritos marcados pelo calendário** – São aqueles que quase sempre se referem a grandes grupos e, em geral, abrangem sociedades inteiras. Com frequência, são realizados em momentos bem assinalados no ciclo produtivo e atestam a passagem da escassez para a abundância de alimentos e vice-versa.

No caso dos ritos de elevação de *status*, podemos identificar dois movimentos distintos: (i) uma mudança irreversível da condição estrutural de um indivíduo ou (ii) uma reversão temporária. No primeiro caso, a situação de um sujeito é mudada irreversivelmente, mas o *status* coletivo permanece imutável.

As provocações nos rituais de elevação de *status* são aspectos de nossa própria sociedade, conforme atestam os trotes nos calouros na faculdade e as iniciações nas academias militares. Humilhar, por meio dos ritos, aqueles que ingressam em uma nova fase é uma forma de introduzi-los na ordem da estrutura. Assim, as ofensas podem ser vistas como uma forma de preparar os recém-chegados para as provações da nova fase de suas vidas.

Já os ritos de reversão de *status* mascaram os mais fracos com as forças dos mais fortes e pedem a estes que sejam passivos e suportem com paciência as agressões simbólicas e reais praticadas pelos estruturalmente inferiores. Por fim, esses ritos reforçam a estrutura existente. Turner (1974, p. 244) finaliza seu estudo explicando que "a sociedade [...] parece ser mais um processo do que uma coisa, um processo dialético com sucessivas fases de estrutura e de 'communitas'". Existe, assim,

uma "necessidade" humana de participar de ambas as modalidades. As pessoas famintas de uma delas em suas atividades funcionais diárias procuram-na na liminaridade ritual. Os indivíduos estruturalmente inferiores aspiram à superioridade simbólica estrutural no ritual; os estruturalmente superiores aspiram à 'communitas' simbólica e submetem-se a penitências para conquistá-la. (Turner, 1974, p. 244)

Vejamos, agora, o que são os mitos.

(3.2)
O QUE SÃO MITOS?

Segundo Lévi-Strauss (1955), em sua época, os mitos estavam sendo analisados por estudiosos das mais diversas áreas. A mitologia, como uma parte da antropologia da religião, fundada principalmente por estudiosos como Edward Burnett Tylor (1832-1917), James Frazer (1854-1941) e Émile Durkheim (1858-1917), estaria "sofrendo" com estudos que enfatizavam características psicológicas.

O estudo dos mitos é uma tarefa das mais árduas e, mesmo com todo o esforço feito por Lévi-Strauss, principalmente na elaboração do conjunto de quatro obras conhecido como *Mitológicas*, pode-se dizer que ele somente arranhou a superfície da diversidade de histórias existentes. Porém, ele teve o mérito do desenvolvimento de um método de análise dos mitos, inspirado, é claro, na linguística, em especial nos estudos da linguagem realizados por Ferdinand de Saussure (1857-1913).

Lévi-Strauss parte da constatação de que, apesar de os mitos parecerem absolutamente arbitrários, eles reproduzem-se com os mesmos detalhes e características nas mais diferentes localidades do mundo. Os mitos fazem parte da linguagem, pois é por meio da palavra que são conhecidos e transmitidos entre as gerações.

Para observarmos detalhes específicos do pensamento mítico, é preciso demonstrar que o mito está simultaneamente na linguagem e fora dela. Essa forma de pensar não foge da linha-guia de Lévi-Strauss e de seu estruturalismo baseado na linguística. Ele considera que, ao distinguir a *língua* da *palavra*, Saussure demonstrou que a linguagem pode fornecer dois aspectos que se complementam: um estrutural e outro estático. Assim, a língua pertence ao domínio de um tempo reversível, ao passo que a palavra está no âmbito de um tempo irreversível. A junção desses dois níveis, conforme Lévi-Strauss, dá origem a um terceiro nível, ou seja, o mito está situado em um sistema temporal que combina o irreversível e o reversível.

Os mitos sempre relatam acontecimentos do passado, mas apresentam uma estrutura que também os relaciona ao presente e ao futuro. Isso, porém, não significa que eles sejam atemporais, pois apresentam uma estrutura que é, simultaneamente, histórica e não histórica. É isso o que torna possível que eles se situem tanto no domínio da palavra quanto no da linguagem e, ainda, alcancem um terceiro nível, que tem características de temporalidade linguística e é diferente dos outros dois.

Nos mitos, o que importa são as histórias narradas, e não o estilo, o modo como são contadas ou a sintaxe utilizada. Lévi-Strauss considera que o mito em si é uma linguagem que chega a se descolar de sua base linguística. Dessa maneira, ele é constituído por unidades, o que pressupõe a presença de "elementos" que formam uma estrutura linguística (como os fonemas, os morfemas e os semantemas). Esses elementos estão relacionados uns com os outros em uma **cadeia de complementariedade**, de modo que cada elo difere daquele que o precede, formando um grau mais alto de complexidade e criando grandes unidades constitutivas, as quais, segundo Lévi-Strauss, formam **feixes de relações**.

Esses grupos, por sua vez, têm estruturas combinatórias por meio das quais as unidades constitutivas adquirem uma função significante. As relações entre os feixes têm dimensões nos tempos diacrônico e sincrônico simultaneamente, e é por isso que o mito carrega consigo características tanto da língua quanto da palavra.

Analisando diferentes mitos, é possível agrupar as relações que se enquadram em um mesmo feixe, formando, assim, diversas colunas. Dessa forma, todas as relações agrupadas em uma mesma coluna apresentariam, em hipótese, um mesmo traço a ser evidenciado. Assim, a análise ocorre justamente nas relações existentes entre as colunas.

Lévi-Strauss (1987) não deixa de ver o mito como um exercício de pensamento. Ele compara a leitura desse tipo de texto à decifração amadora de uma partitura.

Esse método, descrito de maneira breve e sem exemplificações, permite aos estudiosos não se preocupar em encontrar a versão autêntica ou primitiva de um mito. A proposta de Lévi-Strauss, portanto, é defini-lo com base no conjunto de suas versões. O mito permanece mito enquanto for percebido como tal (Lévi-Strauss, 1955). Em síntese, a análise estruturalista vê esse texto como um "conteúdo apreendido numa organização lógica concebida como propriedade do real" por uma sociedade (Lévi-Strauss, 1993a, p. 121)

Essa proposta difere do formalismo de Vladimir Propp (1895-1970), que recusava a oposição entre o concreto e o abstrato. Lévi-Strauss (1993a) compara o estudo de Propp sobre contos ao próprio estudo dos mitos. Ele afirma que não há razões para distanciar os mitos dos contos, apesar de considerar o método e as conclusões de Propp limitadas e questionáveis segundo a teoria estruturalista.

Segundo o método de análise de Propp (Lévi-Strauss, 1993a), os contos são formados por elementos tanto constantes quanto variáveis. Seus personagens e atributos podem variar; já suas ações e funções não mudam. Estas duas são as grandes unidades constitutivas do conto. Para determinar as funções, é necessário eliminar os personagens que lhes dão suporte e defini-las de acordo com a narrativa: um casamento, por exemplo, pode ter funções diferentes de acordo com seu papel (Lévi-Strauss, 1993a).

Para Propp, os atos sociais idênticos estão ligados às diferentes e inversas significações; portanto, só se pode definir uma função levando-se em conta a posição do acontecimento em relação aos demais eventos e supondo que há uma ordem constante de sucessão das funções. Contrariando a posição de Lévi-Strauss (1993a), Propp não considera que a quantidade de contos seja importante, e sim a qualidade.

Quando separamos os personagens, – que são variáveis – das funções – que são constantes –, a tendência é vê-los como elementos opacos, sem qualquer importância para o estudo estrutural do mito. O personagem, assim, torna-se uma palavra indefinível e desprovida de qualquer sentido. Compreender, então, o sentido de um termo, como diz Lévi-Strauss (1993a), é permutá-lo em todos os seus contextos.

É compreendendo o **contexto** que se pode enxergar no mito o processo de construção do pensamento humano, que se faz pela junção de ideias contrárias. Por exemplo, a águia aparece de dia, e a coruja, à noite. Assim, formam-se séries de oposições (águia/coruja, dia/noite, céu/terra) que se combinam no cerne de cada personagem. Esse seria o erro de Propp, que, por causa de sua base formalista, não reconhece o caráter de complementaridade entre o significante e o significado defendido por Saussure.

Todo o rigor canônico de Lévi-Strauss presente em *A estrutura dos mitos* (Lévi-Strauss, 1955) não aparece em *A gesta de Asdiwal* (Lévi-Strauss, 1993b), neste trabalho, o autor não recorre aos apoios que pareciam ser tão necessários anteriormente. No estudo de uma história dos indígenas *tsimshian*, da costa canadense do Pacífico, Lévi-Strauss (1993b); discute como o texto relaciona-se com o real. Para tanto, ele isola e compara diversos níveis do mito, analisando quatro aspectos fundamentais, os quais correspondem a quatro grandes áreas de interesse da antropologia:

1. geográfico;
2. econômico;
3. sociológico;
4. cosmológico.

Para começar a análise do mito, Lévi-Strauss (1993b) compara quatro versões do texto *A gesta de Asdiwal*, todas recolhidas por Franz Boas durante sua carreira. É importante lembrar que, para melhor compreender o mito e sua relação com o real, Lévi-Strauss faz um breve esboço etnográfico dos *tsimshian*, deixando claro que o estudo dos mitos exige ir além deles para desvendá-los e compreender sua importância para a organização de uma sociedade.

Nesse relato indígena, vê-se claramente como os aspectos políticos e geográficos daqueloe povo se apresentam, bem como os processos econômicos e de migrações e a organização social, por meio dos casos de viuvez, separações e casamentos, entre outros. Para a análise, Lévi-Strauss (1993b) inicialmente observa os fatos geográficos e os aspectos físicos da região, além dos processos migratórios dos ascendentes de Asdiwal e dele próprio, correlacionando-os com a realidade constatada pela etnografia.

Em seguida, Lévi-Strauss (1993b) examina as características sociológicas do mito, identificando uma sociedade de filiação matrilinear e patrilocal. Na narrativa, com a morte do primeiro marido da mãe, Asdiwal e sua genitora partem para um processo migratório em busca uma da outra, e ambas se encontram no meio do caminho, onde estabelecem seu lar. No desenrolar da narrativa, com os demais casamentos que ocorrem, há uma inversão da sociedade: de uma organização patrilocal, torna-se matrilocal, indo contra a realidade dos indígenas *tsimshian*. São retratados os diversos problemas que isso acarreta e, no fim, o casamento patrilocal é novamente apresentado como o desfecho "correto" ou mais apropriado para a história. Resumindo, no início, existe a união entre mãe e filha e, no final, a união entre pai e filho.

Por fim, Lévi-Strauss (1993b) canaliza a cosmologia, mostrando que as viagens absolutamente sobrenaturais de Asdiwal representam, também, um afastamento do casamento matrilocal e configuram-se, posteriormente, em condutas patrilocais. Na verdade, dos quatro aspectos do mito que o antropólogo apresenta, a geografia e a economia estão em concordância com a realidade. Ao contrário da cosmologia, que opera no campo do imaginário. É no aspecto sociológico que há a ponte entre os dois contextos – o real e o imaginário –, sempre apresentado por meio de pares de oposições, corroborando a teoria estruturalista do autor.

Lévi-Strauss (1993b) analisa a construção do mito destacando aspectos sequenciais e esquemas. As **sequências** são o conteúdo em si, os acontecimentos que ocorrem em ordem cronológica e podem apresentar diversas configurações.

As sequências são organizadas, porém, em planos de profundidade variável, em função de esquemas superpostos e simultâneos. Como uma melodia a várias vozes, o relato está preso a um duplo determinismo: determinismo horizontal de sua própria linha melódica e determinismo vertical dos esquemas em contraponto. (Lévi-Strauss, 1993b, p. 169)

Fazendo correspondência com o método que traçou em seus trabalhos anteriores sobre os mitos, Lévi-Strauss (1986) organiza-os em grandes agrupamentos ou colunas – em categorias como geográficos, cosmológicos, de integração, sociológicos, técnico-econômicos e de integração global – que funcionariam como os pilares de um prédio, dando sustentação à sociedade. Assim, o antropólogo mostra que as relações entre os mitos e a realidade são dialéticas, podendo as instituições representadas naqueles serem exatamente inversas às existentes no mundo real. Isso ocorre sempre que o mito procura demonstrar os aspectos negativos da sociedade.

É possível extrair da análise dos mitos uma "pintura" da realidade, de maneira a reforçá-la, ao tentar encontrar soluções e demonstrar que elas seriam tão problemáticas quanto aquelas adotadas sociologicamente. No limite, os mitos podem servir como um meio condutor para as estruturas básicas do pensamento, quando se encontra neles uma organização em oposições como terra/mar, peixe/azeite, fome/fartura, mobilidade/imobilidade, alimento fraco/alimento forte.

É na tetralogia *Mitológicas*, porém, que Lévi-Strauss leva o estudo dos mitos à sua forma mais ambiciosa. No primeiro volume, *O cru e o cozido* (Lévi-Strauss, 1991b), o autor mostra como as categorias empíricas (e tantas outras) podem servir como ferramentas conceituais e defende a possibilidade de ordená-las em proposições. Esse projeto torna-se mais ambicioso no momento em que o antropólogo utiliza um mito bororo[2] como ponto inicial de seu estudo. Cabe esclarecermos que esse mito não tem nada de especial, e Lévi-Strauss poderia ter escolhido qualquer outro. Foi, pois, uma seleção totalmente arbitrária.

Tomando esse mito, proveniente de uma sociedade indígena, Lévi-Strauss o analisa com a ajuda do contexto etnográfico para expandir o estudo de outras histórias dessa mesma sociedade e de outras com as quais ela teve contato em algum momento, formando uma rede de ligações por meio dos mitos.

Para ele, esse texto de referência não seria nada além da transformação de outros mitos da mesma cultura e de sociedades próximas ou mais afastadas dela. Com base nessa história, é possível configurar o grupo de transformações de cada sequência, seja dentro do próprio mito, seja por meio de relações isomórficas entre sequências de outros mitos dos bororos. Assim, Lévi-Strauss desconsidera determinadas histórias e opta por esquemas que se ordenam sobre um mesmo eixo, por meio do qual é possível traçar fios condutores para mitos de outras sociedades, passando, em seguida, para populações adjacentes. Sendo

---

2   Bororo é um grupo indígena do Brasil Central.

essa tarefa praticamente infinita, já que o estudo dos mitos pressupõe a impossibilidade de se fazerem reduções cartesianas, como explicou Lévi-Strauss (1991a), é preciso estabelecer objetivos e metas; caso contrário, o estudo dos mitos não encontra fim.

Como os ritos, os mitos são intermináveis. E, querendo imitar o movimento espontâneo do pensamento mítico, nosso empreendimento, ele também curto demais e longo demais, teve de se curvar às suas exigências e respeitar seu ritmo. Assim, este livro sobre mitos é, a seu modo, um mito. Supondo-se que possua uma unidade, esta só aparecerá por trás e para além do texto. (Lévi-Strauss, 1991a, p. 15)

Lévi-Strauss (1991a) explica a análise não rígida dos mitos sul-americanos alegando que o conjunto das histórias de determinada população é da ordem do discurso, ou seja, não está encerrado em si mesmo e não é estático. Esse conjunto continua em processo de transformação, a não ser que a população desapareça física e moralmente, o que é muito improvável.

O intuito de se buscarem mitos de origens distintas é revelar que eles formam um grupo, o que gera um problema para os historiadores e os etnógrafos, que têm de mostrar como isso é possível. Os mitos em si não se prendem aos elementos da história, fato que dificulta bastante o trabalho deses estudiosos caso queiram encontrar uma ligação entre as narrativas. É preciso lembrar que a cultura e os povos são dinâmicos e é impossível crer que uma população permaneça isolada sem fazer trocas ou experimentar interinfluências.

Em *O cru e o cozido*, Lévi-Strauss (1991b) continua seu projeto de análise comparativa dos mitos, sempre utilizando dados etnográficos, para compor um inventário dos **imperativos mentais**. Dessa forma, a mitologia parece não ter uma função prática evidente, pois o que se procura está além dela. Não se trata tanto de extrair o que há nos mitos, mas sim todo o sistema de "axiomas e postulados" que definem o melhor sentido possível, que é capaz de dar uma significação às diversas elaborações mentais inconscientes.

Novamente colocando a linguagem em um patamar superior, Lévi-Strauss diz que os mitos se fundam em códigos de segunda ordem, sem a linguagem, que é de primeira ordem. A ideia era de que o livro servisse para organizar um código de terceira ordem que pudesse garantir certa capacidade de tradução dos mitos e, por isso, o antropólogo considera o livro em si um mito.

Se antes Lévi-Strauss fazia comparações com partituras de músicas, ele passou a estabelecer relações com a estrutura da própria música para justificar o processo sequencial dos mitos e sua relação com as demais histórias, como uma grande orquestra.

> *O procedimento só é legítimo com a condição de que surja um isomorfismo entre o sistema dos mitos, que é de ordem linguística, e o da música, que vemos como uma linguagem, já que o compreendemos, mas cuja originalidade absoluta, que distingue da linguagem articulada, deve-se ao fato de ser intraduzível. [...] A música e a mitologia acionam naqueles que as escutam estruturas mentais comuns.* (Lévi-Strauss, 1991a, p. 34)

Por mais que afirme que seu trabalho não pretende investigar as estruturas fundamentais do pensamento humano, Lévi-Strauss não o deixa de fazê-lo, pois este não se altera, o que muda é o mundo. De certa forma, é justamente essa estrutura fundamental de pensamento que permite que mitos de povos diferentes sejam comparados, pois compartilham a mesma **operação lógica**.

Talvez seja na linguagem que isso esteja mais visível. Quando historiadores e etnógrafos comparam mito e música, observam que esta é descolada de sentido, ao contrário daquele, que carrega consigo um sentido que pode ser apreendido, em um limiar que opera interna e externamente. Por isso, o estudo dos mitos permite compreender a mediação existente entre a cultura e a natureza.

(3.3)
O QUE SÃO RITUAIS POLÍTICOS?

Para Kuschnir (2007), rituais são cerimônias que reforçam e atualizam os papéis sociais. Isso significa que, na esfera de atuação da política, os rituais têm representação e importância social como fenômenos contemporâneos. Eles são bons para pensar sobre o outro, pois podem ser vistos como ações que traduzem uma organização social que não se limita à religião ou à política, já que também podem simbolizar aspectos da economia, do parentesco ou de outros elementos sociais, permitindo uma compreensão mais adequada da sociedade ou do grupo social em estudo.

Há, ainda, outro elemento intrinsecamente ligado ao ritual: o mito. Rito e mito parecem ter uma ligação dicotômica. Vale lembrar que mitos são narrativas com forte carga simbólica, relacionadas a determinada cultura, que procuram explicar como as coisas são e suas origens. Em outras palavras, procuram explicar o mundo por meio de histórias e com base no ponto de vista de determinado grupo social.

Em geral, há quem considera que os estudos dos mitos e dos ritos devem ser realizados de forma separada: aqueles permitem compreender melhor a mente humana, enquanto estes possibilitam analisar a execução das ações ou a materialidade do pensamento, isto é, a reprodução daqueles.

Como bem explica Peirano (2002), mitos e ritos marcariam dois aspectos inerentes à condição humana: o pensar e o viver, respectivamente. E um ajuda a explicar o outro, sendo que nos mitos é possível encontrar as representações e, nos ritos, as relações sociais, como observado por Lévi-Strauss. No entanto, podemos ir além, não precisando tomá-los como coisas separadas e que atuam em espaços específicos, conforme perceberam alguns pesquisadores.

Edmund Leach (1976), ao estudar o povo *kachin*, da Birmânia, propôs a existência de três tipos de comportamento:

1. **Técnico-racional** – É direcionado a fins específicos e produz resultados de forma mecânica.
2. **Comunicativo** – Faz parte de um sistema utilizado para transmitir informações por meio de um código cultural específico.
3. **Mágico** – Apresenta eficácia em decorrência de convenções sociais.

Para Leach (1976), os comportamentos comunicativo e mágico são aqueles que podemos considerar como *rituais*. Qual foi a importância dessa concepção? A aproximação de comportamentos verbais e não verbais, ou seja, entre mitos e ritos. O simples fato de palavras serem pronunciadas pode significar um ritual. Assim, o rito também é visto como uma linguagem condensada, que permite transmitir e perpetuar um conhecimento socialmente adquirido.

Nesse sentido, apenas o espaço estudado pode determinar o que é mito e o que é rito. Não se pode esperar que sempre haja certo tipo de rito em todos os campos estudados, pois a diversidade cultural é indeterminada. No Brasil, podemos até identificar algumas ações rituais que parecem estar mais ou menos presentes em todo o território nacional, mas suas dinâmicas obedecem às particularidades culturais de cada região.

Tendo como referência as noções de mito e de rito de Leach (1976), podemos nos aprofundar no estudo da relação desses fenômenos com os sistemas culturais e com os mecanismos de comunicação simbólica existentes em um grupo social estudado. Para isso, devemos entender que os ritos são elementos socialmente eficazes para as dinâmicas culturais, pois seu caráter performático pode ter três sentidos distintos, segundo Stanley Tambiah (citado por Rodrigues, 2014):

1. Quando o ato social de dizer algo é tão performático quanto o ato em si.
2. Quando se usam diversos meios de comunicação para os participantes vivenciarem o evento de forma intensa.
3. Quando remete a valores que estão vinculados ou são atribuídos aos atores sociais envolvidos na *performance*.

Isso significa que os rituais dispõem de elementos formais e padronizados, mas que podem ser variáveis e constituídos de processos ideológicos particulares e únicos, fazendo o vínculo entre o conteúdo e a estrutura ter uma eficácia em seu propósito, pois estão integrados com a realidade cultural local. Isso ocorre porque rituais existem em todos os lugares, em qualquer hora, de múltiplas formas, como palavras, música e dança, entre outras. Além disso, a caracterização do que é ou não ritual pode ser dada pelos membros do grupo social analisado a partir do momento em que o pesquisador conseguir identificar um conjunto de atributos necessários para essa definição.

Portanto, não cabe ao pesquisador atribuir um valor ao ritual, ou seja, decretar se ele é falso ou errado em um sentido causal. O que deve ser averiguado é se seus objetivos são ou não atingidos, se o ritual tem condições de persuasão, concepção ou ampliação de seu significado, observando-se, ainda, se ele tem validade e legitimidade para aquele grupo social.

O ritual, conforme Tambiah o apresenta (Rodrigues, 2014), é um sistema culturalmente construído para a **comunicação simbólica**. Assim, rituais são constituídos, modelados e ordenados em uma sequência de palavras e ações, utilizando-se diferentes estratégias de comunicação, em que a forma e o conteúdo são caracterizados por diversos graus de formalidade ou convenção, ora mais rígidos, ora fundidos a outros elementos, ora repetidos tantas vezes quantas forem necessárias para que a *performance* tenha eficácia.

Após explicarmos um pouco sobre rituais e seu estudo, focaremos nossa atenção em suas ocorrências na esfera política. Na sociedade brasileira, diversificada como é, os rituais políticos são os mais diversos que se pode imaginar. São cerimônias que reforçam e atualizam os papéis sociais e, mesmo em um tempo e em um espaço determinados, confirmam a identidade dos participantes, seu papel na sociedade e a função do grupo envolvido.

Como exemplo, Kuschnir (1999a) estudou rituais de comensalidade em campanhas políticas, os quais compreendem celebrações que encenam simbolicamente a eleição de um candidato em eventos em que há pelo consumo de bebidas e de comidas por parte de eleitores e políticos. Nesses eventos, os papéis são bem claros e as falas e os comportamentos são bem previsíveis, assim como os locais de realização e os demais participantes. Em tais ocasiões, o objetivo é se certificar de que o candidato é um político digno para o exercício do mandato. Os atos de comer e de beber podem significar muitas coisas, inclusive uma declaração de voto.

Os rituais políticos permitem compreender a dinâmica política de uma sociedade, bem como os papéis, as forças, os grupos, os anseios, os conflitos e os desejos nela presentes. Eles ocorrem em diversos espaços e momentos da vida pública. Alguns exemplos são os eventos (como eleições, marchas e protestos), as reuniões, os procedimentos legislativos e executivos e as ações realizadas em ambientes físicos e virtuais, sempre com a preocupação de demarcar a identidade, a história, os anseios e os desejos dos envolvidos, reforçando as dinâmicas das relações sociais e de poder.

No cenário nacional, identificamos alguns tipos de rituais que podem ser classificados quanto a seus objetivos. Essa divisão não é autoexcludente e também não é a única possível. A seguir, apresentamos alguns exemplos que podem ajudar a organizar nossa interpretação dos fenômenos rituais ligados à política.

- **Rituais de definição de papéis** – São aqueles voltados para a apresentação política e de agentes políticos. Estão presentes nas campanhas eleitorais ou no início da disputa por cargos eletivos. São marcados por ações que todos os candidatos precisam executar para obter o reconhecimento de que estão aptos para o cargo que disputam. Essas campanhas podem se dar em decorrência dos pleitos eleitorais normais ou por meio de representação. Em geral, são rituais que apontam a hierarquia social.
- **Rituais de disputas de poder** – São aqueles em que se procura demonstrar a capacidade de mobilização de um indivíduo que ocupa um cargo público ou que pretende eleger-se a ele. Os eventos geralmente são organizados por representantes políticos para demonstrar seu poder à sociedade e/ou aos adversários. Ocorrem, por exemplo, quando um líder político procura mobilizar pessoas em prol de uma causa que está em disputa.
- **Rituais de negociação** – São aqueles elaborados para a troca de favores ou em decorrência deles. Estão presentes nos processos de negociação de cargos no aparelho estatal, mas também podem servir à definição de voto durante as eleições. Os eventos, portanto, são realizados com o objetivo de estabelecer e representar os elementos de troca e definir como deverão ser promovidas as negociações no ambiente ou no tempo político.

- **Rituais de reivindicação** – São aqueles em que se apresentam aos representantes políticos os anseios de determinado grupo ou segmento da sociedade. Podem ser organizados com ou sem agentes políticos e tendem a gerar grande comoção social. Por exemplo, as manifestações de 2014 pela redução dos custos do transporte público em São Paulo ou as passeatas de profissionais por melhores salários.
- **Rituais normatizados** – São aqueles que ocorrem por meio de uma organização predeterminada e definida por regimento. São mais fáceis de serem identificados porque estão normatizados e acontecem no interior dos aparelhos estatais, nos três poderes. Por exemplo, os rituais para a votação de uma nova lei, os quais são regidos por um trâmite estabelecido, sem deixar de ter espaço para os elementos performáticos.

Até o momento, procedemos à construção de um conhecimento sobre a antropologia da política. Passamos por alguns de seus conceitos básicos, abrangendo o modelo de pesquisa e os principais elementos a serem pesquisados: os rituais políticos. No próximo capítulo, voltaremos nossa atenção a alguns pontos-chave para a compreensão antropológica das relações políticas. Nesse sentido, veremos a dinâmica que rege essas relações e define esses rituais e, ao mesmo tempo, consiste na razão de suas existências. Estudaremos as relações de trocas sociais.

Síntese

Neste capítulo, abordamos os mitos e os rituais. Analisamos a relação entre eles e verificamos que estão presentes nos mais diversos eventos. Além disso, demonstramos que eles nos permitem identificar e até mesmo prever ideias e comportamentos políticos. A seguir, apresentamos um breve resumo dos conceitos abordados no capítulo.

Conceito	Resumo
Ritos	Cerimônias que reforçam e atualizam os papéis sociais. Na esfera de atuação da política, os rituais têm representação e importância social.
Mitos	Narrativas com forte carga simbólica, relacionadas a determinada cultura, que procuram explicar como as coisas são e suas origens.
Ritos políticos	Cerimônias que reforçam e atualizam os papéis sociais e que, mesmo em um tempo e em um espaço determinados, reforçam a identidade dos participantes, seu papel na sociedade e a função do grupo envolvido.

Questões para revisão

1. Rituais são cerimônias que reforçam e atualizam os papéis sociais. Sobre esse conceito, é correto afirmar:
   a) Rituais políticos são ações que traduzem uma organização social.
   b) Rituais e mitos não têm relações efetivas quando a análise ocorre no campo de estudo da política.
   c) Rituais políticos só estão presentes quando estão relacionados à religião.
   d) Rituais políticos têm sua origem nos rituais de magia ou de religião.
   e) Rituais políticos envolvem sempre um aspecto sagrado e servem para imortalizar os políticos.

2. Mitos e ritos marcam bem dois aspectos inerentes à condição humana: o viver e o pensar. Sobre a relação entre eles, é correto afirmar:
   a) Os mitos trabalham a materialidade das ações rituais e as explicam.
   b) Os mitos e os ritos podem ser analisados de forma absolutamente separadas.
   c) Ritos e mitos têm em comum uma narrativa que é celebrada mediante um ritual.
   d) Os mitos são sempre ações verbais e os ritos são sempre ações físicas.
   e) Os ritos estão ligados ao viver, enquanto os mitos relacionam-se ao pensar.

3. Os rituais dispõem de elementos formais e padronizados, mas que podem ser variáveis e constituídos de processos ideológicos particulares e únicos, fazendo o vínculo entre o conteúdo e a estrutura ter uma eficácia em seu propósito, pois estão integrados com a realidade cultural local. Com base nesse conceito, é correto afirmar que:
   a) Para existir, o ritual precisa ser legitimado pelo mito, e não pela comunidade que o pratica.
   b) Cabe ao pesquisador atribuir um valor ao ritual, ou seja, definir se ele é falso ou errado em um sentido causal.
   c) Rituais, apesar de organizados e padronizados, não constituem um sistema simbólico propriamente dito.
   d) Rituais existem em todos os lugares, em qualquer hora, de múltiplas formas.
   e) Todas as práticas cotidianas e os hábitos adquiridos socialmente podem ser considerados rituais.

4. Os rituais políticos permitem compreender a dinâmica política de uma sociedade, bem como os papéis, as forças, os grupos, os anseios, os conflitos e os desejos nela presentes. Sobre esse conceito, analise as afirmativas a seguir e marque V nas verdadeiras e F nas falsas.

( ) Os rituais políticos estão presentes apenas no desenvolvimento dos serviços públicos, seja em que etapa for.

( ) Os processos rituais da política estão presentes nos eventos (como eleições, marchas e protestos), nas reuniões e nos procedimentos legislativos e executivos.

( ) Os rituais políticos são cerimônias que reforçam e atualizam os papéis sociais e, mesmo em um tempo e em um espaço determinados, reforçam a identidade dos participantes.

( ) Os rituais políticos são somente aqueles que ocorrem em eventos de comensalidade durante os períodos de eleições populares ou de órgãos legislativos.

Agora, assinale a alternativa que apresenta a sequência correta:

a) F, V, F, V.
b) F, V, V, F.
c) V, V, F, F.
d) V, F, F, V.
e) F, F, V, V.

5. Podemos classificar os rituais políticos com base em seus objetivos. Sobre esse conceito, analise as afirmativas a seguir e marque V nas verdadeiras e F nas falsas.

( ) Rituais de definição de papéis são aqueles que separaram os políticos do restante da população. Ocorrem no momento da posse de um cargo público.

( ) Rituais de disputas de poder são aqueles que estabelecem a oposição entre candidatos e eleitores.

( ) Rituais de negociação são aqueles elaborados para a troca de favores ou com base neles.

( ) Rituais normatizados são aqueles que ocorrem por meio de uma organização predeterminada e definida por regimento.

Agora, assinale a alternativa que apresenta a sequência correta:

a) F, V, F, V.
b) F, V, V, F.
c) V, F, F, F.
d) F, F, V, V.
e) V, V, V, F.

6. O que são rituais segundo a antropologia?

7. O que são mitos e por que eles são importantes para o estudo de uma sociedade política?

Questões para reflexão

1. Converse com seus familiares e pergunte a eles quais são os rituais políticos que eles conseguem identificar em períodos de eleições.

2. O filme *Terra para Rose* retrata uma das primeiras mobilizações populares na luta por terras agrárias. Assista ao filme e identifique três tipos de ritual: de disputa de poder, de reinvindicação e de normatização.

TERRA para Rose. Direção: Tetê Moraes. Brasil: Sagres Filmes, 1987. 84 min.

Para saber mais

PEIRANO, M. (Org.). **O dito e o feito**: ensaios de antropologia dos rituais. Rio de Janeiro: Relume Dumará, 2002. (Coleção Antropologia da Política, v. 12).

A obra de Mariza Peirano apresenta um panorama teórico sobre rituais, particularmente os políticos. Há muitos estudos de caso e análises de rituais políticos, como discursos em espaços diversos, manifestações de grupos sociais e rituais institucionais.

Raphael Hardy Fioravanti

Capítulo 4
Teoria da dádiva

Conteúdos do capítulo:

- Origem da teoria da dádiva.
- A obrigatoriedade da retribuição.
- A dádiva nas sociedades ocidentais.
- Principais conclusões de Mauss.

Após o estudo deste capítulo, você será capaz de:

1. conceituar a teoria da dádiva;
2. identificar a dádiva;
3. descrever como a dádiva conecta diferentes elementos da sociedade;
4. avaliar como a teoria da dádiva pode ajudar a explicar as relações políticas.

As sociedades são movidas pela dinâmica das relações sociais. Boa parte da organização política de uma coletividade é consequência direta dessa dinâmica. Para a explicarmos melhor, discutiremos neste capítulo a **teoria da dádiva**, desenvolvida por Marcel Mauss (1872-1950), a qual é aplicada com o propósito de compreender as várias formas de organização que podem estar presentes nas sociedades.

Mauss, sociólogo e antropólogo francês, considerado o pai da antropologia francesa, trabalhou intensamente com seu tio Émile Durkheim (1858-1917). Seus estudos influenciaram autores como Lévi-Strauss (1908-2009) e Louis Dumont (1911-1998). Até hoje, seu texto *Ensaio sobre a dádiva: forma e razão da troca nas sociedades arcaicas* motiva discussões sobre religião, economia, política e organização social. Nos últimos anos, suas pesquisas inspiraram um movimento intelectual, ético, científico, filosófico e político chamado *Revue du Mauss* (Movimento Antiutilitarista nas Ciências Sociais) para a discussão de novos paradigmas da organização e da dinâmica das sociedades.

Ao longo deste capítulo, trataremos da aplicabilidade da teoria da dádiva nos estudos sobre política.

(4.1)
UM PRECEITO TEÓRICO PARA O ESTUDO DA POLÍTICA

A tese central do texto de Mauss é de que a dádiva, – isto é, o ato de dar algo, receber algo e retribuir essa ação – produz alianças entre as partes, uma espécie de contrato, por assim dizer. Essas alianças podem ser matrimoniais, políticas, religiosas, econômicas, jurídicas ou diplomáticas.

Devemos destacar que a dádiva não inclui apenas presentes, mas também visitas, festas, esmolas, heranças e muitas outras formas de doação. Fica clara, então, já de início, a ligação que a dádiva tem com os estudos de política. Além disso, ela pode e deve estar presente nos rituais estudados pela antropologia da política.

Figura 4.1 – Esquema funcional da teoria da dádiva

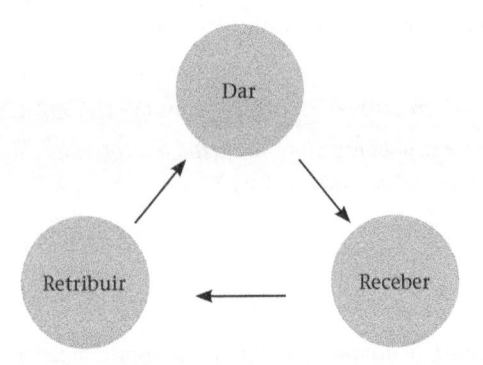

```
         Dar
        ↗    ↘
   Retribuir ← Receber
```

Nesse contexto, até mesmo os tributos podem ser vistos como uma dádiva. De fato, sua formulação teórica tem boa aceitação nas linhas mais antagônicas do pensamento antropológico, gerando interpretações absolutamente diferentes.

Mauss desenvolveu a teoria sobre a dádiva com base na leitura do clássico *Argonautas do Pacífico Ocidental*, de Bronislaw Malinowski (1884-1942), obra que trata das trocas e dos contratos realizados por diferentes povos sob a forma de presentes, teoricamente voluntários, mas que carregam consigo uma obrigatoriedade dos atos de dar e de retribuir. Um gesto com o caráter aparentemente gratuito seria, na realidade, imposto e interessado. Mauss chega a afirmar que, nessa área, que aparenta ser de generosidade, há apenas uma ficção, com formalismos e mentira social e, no fundo, restam apenas a obrigação e o interesse econômico.

O autor parte da noção de *fato social total*, uma derivação – ou melhor, uma expansão – do conceito de *fato social* de Durkheim, que tratava essa ideia como uma "coisa", sendo, portanto, um objeto que pode ser pesquisado. A diferença é que Mauss insere aí o aspecto simbólico: é nos fatos sociais totais que se exprimem as instituições religiosas, políticas, jurídicas, morais e econômicas, entre outras. Assim, aspectos aparentemente corriqueiros da vida social também podem carregar consigo significados políticos.

Para chegar a suas conclusões, Mauss (2003) comparou casos de diversas épocas e locais. O sociólogo francês analisou fatos ocorridos na Polinésia, na Melanésia, no noroeste norte-americano e, também, histórias da antiga língua norueguesa e dos direitos hindu, chinês, romano e germânico. Esse trabalho pode ser considerado uma colcha de retalhos e insere-se em uma linha passível de ser classificada como *evolucionista-lógico*.

No primeiro capítulo de seu ensaio, Mauss trata das Ilhas Andamão, na Polinésia, da Melanésia e do noroeste norte-americano. No segundo capítulo, ele analisa a civilizações romana, indiana e germânica e, no terceiro, aborda a sociedade europeia moderna.

Já no princípio do texto, as noções de *mana* e de *hau* interessam para o autor, pois é por meio delas que ele inicia seus estudos sobre a obrigação de retribuir uma coisa dada. A percepção de *mana* é importante em algumas partes da Melanésia, em um contexto de menor desenvolvimento da chefia, como algo que centraliza a vida social. Com essa noção, Mauss faz comparações com outros povos, por exemplo, ao tratar do *potlatch*[1]. A palavra *mana*, comum nas línguas da Melanésia, não faz referência apenas a uma força ou a um ser, mas a uma ação, uma qualidade e um estado. Trata-se de um valor mágico, religioso e social dado para as coisas e as pessoas. A posição social dos indivíduos tem uma relação direta com a importância de seu *mana*, cuja ideia compõe-se de uma série de noções instáveis que se confundem umas com as outras. Ele é, ao mesmo tempo, qualidade, substância e atividade. O mesmo pode ser visto, por exemplo, no voto, sobre o qual falaremos no próximo capítulo.

Hau é um conceito maori cuja melhor tradução é "o espírito da coisa". Segundo Mauss, no momento em que algo é dado ou retribuído, o *hau* gera uma obrigação para aquele que recebeu. Por meio da coisa dada, o doador adquire uma ascendência sobre aquele que recebeu, como se a coisa ainda portasse algo de seu antigo proprietário, o qual pode ter algum poder sobre o beneficiário. Nesse caso, a necessidade de retribuir está presente porque o *hau* pretende voltar a seu lugar de origem. No direito maori, então, o vínculo que se estabelece extrapola o âmbito jurídico. A ligação com as coisas compreende uma relação entre as almas, já que a própria coisa tem uma alma em si, pois, ao se presentear alguém, presentea-se a si mesmo.

---

1 O potlatch *é uma cerimônia praticada pelas tribos indígenas da América do Norte, como os kwakiutl. É um ritual festivo religioso no qual o homenageado renuncia a todos os bens materiais acumulados. A palavra* potlatch *significa "dar", caracterizando o ritual como de oferta de bens e de redistribuição da riqueza. A expectativa do homenageado é receber presentes daqueles para os quais deu seus bens, quando for a hora deste se despojar de suas posses. A título de curiosidade, os governos dos Estados Unidos e do Canadá proibiram a cerimônia no fim do século XIX por considerarem o ritual uma perda "irracional" de recursos. Com a compreensão do significado do* potlatch, *a proibição desapareceu em 1934, nos Estados Unidos, e em 1954, no Canadá. Algumas etnias ainda praticam a cerimônia e os presentes incluem dinheiro, taças, copos e mantas.*

Com as noções de *mana* e de *hau*, a transmissão de bens cria um vínculo entre múltiplas esferas sociais, como a jurídica, a moral, a política, a econômica, a espiritual e a religiosa. Como dar alguma coisa a alguém é oferecer algo de si mesmo, a qualidade e a quantidade do que se troca têm importância no estabelecimento de uma relação de superioridade política e moral e no modo como o ato de oferecer a dádiva irá formar a relação.

Mauss (2003) explica a destruição sacrificial com base na lógica da **reciprocidade** e considera o sacrifício uma doação que implica destruição e que deveria ser retribuída pelos deuses. Outra observação feita pelo autor diz respeito às esmolas, como as dádivas oferecidas às crianças e aos pobres, as quais agradariam aos mortos. Para o autor, a esmola é derivada de uma noção moral da dádiva e da fortuna, de um lado, e, de outro, de uma noção de sacrifício.

Voltando ao tema principal, que é a dádiva e a obrigação da **retribuição**, Mauss (2003) analisa como elas podem estar presentes em diferentes esferas sociais. O teórico cita como exemplo o casamento, o qual, segundo ele, pode ser visto como a dádiva de uma mulher, concebida como a principal graça e aquela que fundamentaria a instituição, apesar de também envolver uma série de benesses entre grupos aliados. O casamento, portanto, é uma ocasião propícia para o *potlatch*.

No *potlatch*, a obrigação de retribuição é um todo. Assim, esse ritual não consiste em pura destruição, pois essa é uma forma de dar que evita a retribuição. Para o doador, dar já é destruir, visto que é um sacrifício, um modo de fazer a regeneração social.

Mauss (2003) ainda assinala que há uma associação entre a troca e a circulação de nomes. Pode-se executar um *potlatch* para adquirir, manter ou recuperar um nome, ganhando reputação. Ao mesmo tempo, perder um *potlatch* pode provocar a escravidão ou, ainda, a libertação de escravos. Isso evidencia a importância da dádiva para se compreender as mais diferentes sociedades.

Ao estudar os trobriandeses, nativos das Ilhas Trobriand, localizadas ao longo da costa oriental da Nova Guiné, Mauss (2003) recupera a descrição feita por Malinowski, na qual o *kula*, assim como o *potlatch*, "consiste em dar, da parte de uns, e de receber, da parte de outros, os donatários de um dia sendo os doadores da vez seguinte" (Mauss, 2003, p. 215). O autor define os *vaygu'a* – braceletes e colares – como uma "espécie de moeda" (Mauss, 2003, p. 216) dos trobriandeses. Esses objetos eram os valores máximos trocados entre os habitantes de diferentes ilhas no circuito do *kula*. Aliás, a noção de moeda de Mauss o faz considerar que a dádiva também é um comércio e que este seria apenas um dos vários sentidos dela.

O *kula* poderia ser considerado um comércio entre tribos por implicar uma troca circular que ocorre entre várias ilhas, porém ele não é puramente econômico, pois os nativos fazem uma distinção entre as mercadorias "puramente úteis". Essa prática é, portanto, uma forma solene de um sistema muito maior de prestações e contraprestações que engloba toda a vida econômica, tribal e moral dos trobriandeses. Trata-se de "um constante 'dar e tomar'", como explica Mauss (2003, p. 226).

A dádiva também está associada, em algum grau, à noção de crédito. Para Mauss (2003), a evolução da economia não ocorreu por meio de uma transição do escambo para a venda e, depois, esta foi dividida em "à vista" e "a prazo". A noção de crédito estaria, na verdade, baseada em um sistema de troca de presentes retribuídos ao longo de um tempo e que ocorre de modo semelhante ao escambo.

Estudando a Roma Antiga, a Índia e os povos germânicos sob uma perspectiva evolucionista, Mauss (2003) também sugere que, nas sociedades capitalistas, a dádiva é mais fraca, por opor-se à obrigação e à prestação não gratuita. No direito romano antigo, era preciso que a coisa ou o serviço existisse para que a dádiva também pudesse existir. Se for assim, então algo que seja doado pode ser registrado para demarcar a boa relação – ou não, no caso de ingratidão –, o que é um elemento ainda presente no direito ocidental. Para haver um contrato entre indivíduos ou entre grupos, portanto, é fundamental a presença da prestação ou do objeto da relação.

Ao analisar o direito hindu clássico, Mauss (2003) constata que os brâmanes têm uma superioridade hierárquica na organização social indiana. Suas prestações religiosas ocorrem para fins sacrificiais e são retribuídas como se fossem serviços. Assim, o que eles dão promove uma recompensa que vale nesta vida e na próxima, atribuindo aos deuses a responsabilidade de retribuir o que lhes é ofertado pelos cidadãos.

O vínculo que se estabelece entre o doador e o donatário é tão forte que liga os dois, tornando este dependente daquele. A dádiva, assim, é tudo aquilo que é preciso fazer e receber. Porém, o ato de receber, em si, pode ser perigoso, visto que estar em dívida gera um **compromisso irrevogável** entre as partes.

Na visão de Mauss (2003), a civilização germânica não teorizou tanto sobre a dádiva quanto a hindu, mas também a praticou. A diferença está em uma economia mais fechada. A comunicação germânica se dava por meio de festas, alianças, penhores, hospedagens e presentes. Nos casamentos, por exemplo, a generosidade das dádivas era sinal da obrigação assumida referente à fertilidade do casal. Dessa forma, o casamento e o penhor eram instituições de mesma origem, e este fez surgir a ideia de salário, visto que era, em geral, um objeto pessoal e de pequeno valor. Aquele que o entregava empenhava sua honra, ficando em uma posição inferior até que conseguisse quitar o contrato. Mais uma vez, fica evidente que há certo perigo em dar ou receber uma dádiva ou um penhor.

Na conclusão de seu ensaio, Mauss (2003) estende suas observações às sociedades modernas, nitidamente influenciado por seu ativismo socialista. Segundo o autor, nossa moral e toda a nossa vida estão estacionadas na mesma atmosfera que a dádiva cria, misturando obrigações e liberdades. Porém, nem tudo pode ser classificado exclusivamente em termos de compra e venda. As coisas têm um valor sentimental, além de um valor venal. Não existe, portanto, apenas uma moral do comércio.

Para o autor, uma análise da circulação de riquezas na perspectiva da teoria da dádiva permite realizar um estudo comparativo sobre esse aspecto em várias sociedades, inclusive as nossas, nas quais a dádiva está embutida na compra e na venda, em vez de existir de modo paralelo ou independente delas. Ele ainda minimiza a importância da dádiva pura no capitalismo.

Foi nas sociedades ocidentais que surgiu o "animal econômico" (Mauss, 2003, p. 307), porém nem todos pertenceriam a esse tipo de ser. Para o pensador, seja nas elites, seja na população em geral, a despesa pura e irracional é, na verdade, uma prática racional. "O *homo oeconomicus* não está atrás, está adiante de nós; assim como o homem da moral e do dever; assim como o homem da ciência e da razão. O homem foi por muito tempo outra coisa e não faz muito que é uma máquina, complicada de uma máquina de calcular" (Mauss, 2003, p. 307). Segundo o teórico, os interesses individuais são extremamente nocivos à busca da paz de todo o conjunto e, até mesmo, ao próprio indivíduo.

O crescimento dos grupos é consequência da capacidade que os indivíduos têm de equilibrar suas relações nos termos de *dar, receber* e *retribuir*. Para que os homens criassem o comércio, foi preciso, primeiro, que dessem um voto de confiança uns aos outros. Assim, foi possível trocar os bens, não mais apenas entre os clãs, mas também entre as tribos e as nações e, sobretudo, entre os indivíduos (Mauss, 2003).

Desse modo, somente quando as pessoas conseguirem criar e satisfazer mutuamente seus interesses e defendê-los sem o uso de armas é que todos poderão aprender a dar-se e a sacrificar-se uns pelos outros. Aqui está um dos segredos da possibilidade da vida em sociedade e da criação da solidariedade, a qual, por vezes, é evocada nas ações políticas.

Estudo de caso

Dívida divina

O professor Marcos Pazzanese Duarte Lanna, em 1995, escreveu uma das obras mais significativas da antropologia brasileira. O livro *A dívida divina: troca e patronagem no Nordeste brasileiro* faz um enfoque estruturalista do estudo da vida social nordestina e, ao mesmo tempo, oferece o quadro conceitual para a construção de uma teoria geral da patronagem no Nordeste do Brasil.

Lanna (1995) demonstrou as relações de troca atreladas às ações políticas ao estudar, em 1990, a construção das hierarquias de São Bento do Norte (RN), município de 10 mil habitantes e organização social sertaneja. O professor elenca uma série de rituais que demonstram como os vínculos políticos se relacionam com a estrutura social do nordestino, analisando as prestações e as contraprestações que ocorriam nas festas religiosas e no compadrio, que também se estendiam para a organização de poder e da hierarquia política naquela comunidade. Os mesmos tipos de relações podem ser identificados em diversas outras localidades brasileiras.

Nesse trabalho, Lanna retratou os processos de trocas que tinham como figura central o "patrão" e fez uso da ideia de *domínio da casa*, desenvolvida por DaMatta (1985), para analisar em que contexto estavam inseridas as relações entre a) empregadores e trabalhadores; b) políticos e eleitores; e c) prefeito e população do município. Assim, o antropólogo buscou compreender de que maneira os aspectos econômicos, políticos e religiosos da autoridade patronal estavam entrelaçados.

Outro ponto importante do trabalho de Lanna é a análise econômica da região, que estava organizada em três atividades principais: (i) monocultura de exportação (realizada em grandes propriedades), (ii) fazendas de gado (também em grandes propriedades) e (iii) pequena produção (campesinato). A modernização da agricultura, iniciada na década de 1970, propiciou o aumento da participação de pequenos e médios proprietários, cuja produção era voltada para o mercado interno, provocando mudanças na organização política da região.

Lanna observou, durante sua pesquisa de campo, que os camponeses não concebiam a terra, o trabalho ou o produto da lavoura apenas como mercadorias. A relação era muito mais complexa, pois envolvia diversos outros elementos de troca. O professor percebeu que tanto na costa quanto no sertão nordestinos, os "patrões" agiam como se os trabalhadores estivessem sempre em dívida com eles, atribuindo a si o direito ao monopólio dos contratos sociais e, assim, manipulando as trocas, o que resultava em baixos salários para alguns e acumulação de capital para outros. Quanto à moradia, esta não se referia somente à casa e ao pedaço de terra que o proprietário concedia àqueles que trabalhavam em suas fazendas, mas também à oferta de emprego nos limites da propriedade.

A oferta de trabalho feita pelos senhores era considerada uma dádiva e estava inserida em um contexto no qual as terras eram controladas por poucos e havia uma força de trabalho numerosa. Dessa maneira, o morador tinha duas opções: (i) concordar com as condições de trabalho – as quais previam, por exemplo, dois dias de serviço por semana como pagamento pelo direito à casa, que funcionava como prestação; (ii) assumir a modalidade de "foro", no qual uma taxa anual era cobrada em dinheiro pelo uso da terra.

Ao tratar dos aspectos da vida ritual de São Bento, Lanna analisou as festas, consideradas ritos de fertilidade, que também permitiam identificar a organização de poder no município. A cada ano, o padre elegia um festeiro para escolher os foliões. Estes passavam de dois a três meses recolhendo esmolas, dinheiro ou comida. Em São Bento do Norte, a coleta constituía-se de ovos, frango e coco, inclusive com a participação dos pobres. Os leilões ocorriam nas praças centrais e caracterizavam-se pela competição referente à generosidade dos lances e pelo prestígio que se obtinha ao pagar os preços mais altos e arrematar o que era leiloado. Essa compra configurava-se como uma dádiva, pois, posteriormente, ela era entregue ao padre.

Outro elemento estudado, de grande relevância e que pode ser identificado em vários outros locais do Brasil, foi o compadrio, que evidenciava a possibilidade de recrutar compadres e deles esperar assistência "caridosa". Nesse tipo de vínculo, pessoas pertencentes a domínios diferentes relacionavam-se como afins. Lanna relatou que uma das características centrais do compadrio era a escolha dos padrinhos entre pessoas que não pertenciam à família elementar, o que constituía uma maneira de formar alianças, porque gerava laços interfamiliares. A figura do padrinho relacionava-se à imagem do patrão, ao dinheiro, ao mercado, à força, à cidade, ao chefe religioso e à cultura oficial.

A pesquisa de Lanna (1995) influenciou diversos outros estudos, pois demonstrou como a teoria da dádiva pode ser utilizada como ferramenta teórica para explicar diferentes realidades e de que maneira outras esferas da vida social influenciam e são influenciadas pela cultura.

Síntese

Neste capítulo, apresentamos uma das principais teorias da antropologia. Conferimos um exemplo no qual ela foi utilizada para analisar uma cultura regional brasileira.

Demonstramos que essa teoria foi elaborada com base em diversas outras correntes da antropologia, como o estruturalismo. A seguir, apresentamos um resumo dos conceitos abordados no capítulo.

Conceito	Resumo
Teoria da dádiva	Envolve o ato de dar algo, de receber algo e de retribuir a doação. A dádiva produz alianças entre as partes, um contrato, por assim dizer. Essa teoria pode ajudar a compreender diversas ações na política, pois explica um fenômeno presente em todas as esferas sociais.
Fato social total	É nos fatos sociais totais que se exprimem as instituições religiosas, políticas, jurídicas, morais e econômicas, entre outras. Estão presentes em todas as sociedades e em todas as suas esferas.
Mana	Dá valor mágico, religioso e social para as coisas e as pessoas. Está relacionado à posição social do indivíduo.

(continua)

(conclusão)

Conceito	Resumo
Hau	Pode ser traduzido como "o espírito da coisa". No momento em que é dado ou retribuído, gera uma obrigação para aquele que o recebeu. Por meio da coisa dada, o doador adquire uma ascendência sobre aquele que a recebeu, como se a coisa ainda portasse algo de seu antigo proprietário, o qual, por meio dela, pode ter algum poder sobre o beneficiário.
Potlatch	Ritual que demonstra que a capacidade de dar ou de se desfazer de bens pode conceder poder àquele que é doador, deixando os demais com uma dívida.
Kula	Consiste em uma forma de solenidade dentro de um sistema de prestações e contraprestações que engloba toda a vida econômica, social e moral de um povo. Há rituais similares em várias culturas, inclusive a brasileira.

Questões para revisão

1. A tese central do *Ensaio sobre a dádiva: forma e razão da troca nas sociedades arcaicas*, de Marcel Mauss, considera a dádiva o ato de dar uma coisa, recebê-la e retribuir a doação. Sobre essa teoria, é correto afirmar:

   a) As alianças geradas são sempre exclusivamente políticas, por mais que apareçam em outros contextos sociais.

   b) Os tributos podem ser considerados uma forma de dádiva, já que envolvem prestações e contraprestações entre o Poder Público e o cidadão.

   c) Presentes, esmolas e amor materno não possuem a obrigatoriedade de retribuição.

   d) As dádivas são sempre expressões de interesse econômico, pois existe a previsão de ganho unilateral nas trocas.

   e) A etapa da retribuição é dispensável na caracterização da dádiva.

Raphael Hardy Fioravanti

2. *Hau* é um conceito maori cuja melhor tradução é "o espírito da coisa". Essa noção é importante para refletirmos sobre a obrigatoriedade da retribuição nas trocas. É correto afirmar que esse conceito nativo:
   a) pode ser aplicado a todas as realidades sociais.
   b) prega que algo do doador vai junto com o que é dado e, por isso, deve haver retribuição e retorno.
   c) é aplicável à política, pois o voto possui um espírito próprio.
   d) não é aplicável às relações políticas, pois é fundamentado em um ideário religioso.
   e) apresenta exclusivamente um caráter espiritual, não podendo ser aplicado à esfera política.

3. Marcel Mauss (2003) defende que a destruição sacrificial pode ser explicada pela lógica da reciprocidade. Assim, é correto afirmar:
   a) Essa lógica pode ser identificada também nas campanhas políticas, quando candidatos destroem materiais de campanha de seus adversários.
   b) A destruição é um ato de troca feito exclusivamente com o meio espiritual, em busca de suporte para obter poder sobre os outros.
   c) O sacrifício ou o desapego das coisas materiais pode conceder poder político àquele que o está promovendo.
   d) O sacrifício não prevê retorno, pois é um ato de rompimento, já que o que é trocado é destruído.
   e) a destruição sacrificial carrega em si um revanchismo, pois aquele que teve de destruir o que era seu exigirá o mesmo de outros.

4. Para Marcel Mauss (2003), os interesses individuais são extremamente nocivos à paz de todo um conjunto. Sobre esse pensamento, é correto afirmar:
   a) Os interesses particulares levam as pessoas a não realizar trocas e, assim, elas não se relacionam.
   b) Na política, as trocas individualistas são nocivas porque geram a competição entre pessoas de classes sociais diferentes.
   c) Interesses individuais são nocivos porque sempre promovem a competição, o que impossibilita as trocas.
   d) A busca de interesses individuais promove a deturpação das regras de troca, já que, nesse caso, não há equilíbrio.
   e) A troca de interesses individuais, embora não traga paz, pode ser libertadora para o grupo, pois cada um consegue aquilo de que precisa por mérito próprio.

5. Podemos identificar as dádivas nos mais diferentes formatos de relacionamento que influenciam as relações de poder e a organização política. Sobre isso, é correto afirmar:
   a) Verificam-se a forma de operação das trocas e a reciprocidade política nas festas, nas ligações de parentesco, nas relações religiosas e nas amizades.
   b) As trocas políticas são identificáveis unicamente nos mitos folclóricos brasileiros.
   c) As trocas de compadrio, que promovem relações políticas, estão presentes somente na Região Nordeste do Brasil.
   d) As trocas organizam a política de uma sociedade porque promovem a alteração de indivíduos nos pontos mais altos do poder.
   e) No campo político, o sistema de dádivas está presente somente na esfera federal.

Raphael Hardy Fioravanti

6. Qual é o princípio básico da teoria da dádiva de Marcel Mauss?

7. Por que a dádiva, segundo Mauss, é importante para o estudo da política?

Questões para reflexão

1. Elabore um esquema visual para representar como se dão as trocas segundo a teoria da dádiva. Para tanto, utilize como exemplo um presente de aniversário. Analise principalmente a obrigatoriedade de retribuição.

2. Agora, elabore o mesmo esquema da atividade anterior, mas aplique-o no caso da entrega de camisetas e de adesivos de partidos políticos durante uma campanha eleitoral.

Para saber mais

LANNA, M. P. D. Notas sobre Marcel Mauss e o *Ensaio sobre a dádiva*. **Revista de Sociologia e Política**, Curitiba, n. 14, p. 173-194, jun. 2000. Disponível em: <http://www.scielo.br/pdf/rsocp/n14/a10n14.pdf>. Aceso em: 13 set. 2018.

Esse artigo é uma das principais referências brasileiras sobre o estudo da teoria da dádiva. O antropólogo Marcos Pazzanese Duarte Lanna analisa como Marcel Mauss ajudou a compreender a dimensão política da troca de dádivas e demonstra como a dádiva fundamenta toda a sociabilidade e a comunicação humanas.

Capítulo 5
Voto e representação social

Conteúdos do capítulo:

- O que é voto?
- Voto e poder de escolha.
- As regras da disputa pelo voto.
- Voto e trocas sociais.

Após o estudo deste capítulo, você será capaz de:

1. reconhecer o conceito de voto como um elemento cultural;
2. identificar mecanismos de trocas sociais nos quais o voto está presente.

Como expusemos nos capítulos anteriores, a política e suas ações simbólicas permeiam todos os elementos sociais, entrelaçando-se a eles de múltiplas formas. Mas há um ritual que está estritamente ligado à política nas sociedades contemporâneas ocidentais e sobre o qual precisamos nos debruçar: o voto.

(5.1)
CONCEITO DE VOTO

Antes de continuarmos nosso estudo, precisamos explicitar o conceito de voto, visto aqui como a manifestação de uma preferência ou de uma escolha, que pode ocorrer de forma pública ou secreta. No Brasil, o voto está relacionado ao sistema eleitoral de cargos públicos, do Legislativo e do Executivo, quando expresso na forma de sufrágio ativo, na qual todos têm o direito constitucional e político de fazer sua escolha. É tomado como o verdadeiro exercício da cidadania, sendo obrigatório para boa parte da população.

Talvez o voto seja o elemento mais representativo do processo eleitoral de uma sociedade democrática. É no processo eleitoral que ele se faz presente, no momento em que os eleitores têm a oportunidade de refletir sobre sua participação política.

Historicamente, no processo eleitoral brasileiro, o voto sempre esteve marcado por dinâmicas políticas muito específicas, que não colaboraram para a construção de uma sociedade democrática. No clássico *Coronelismo, enxada e voto: o município e o regime representativo no Brasil*, Victor Nunes Leal (2012) faz uma etnografia muito precisa das condições políticas e do papel do voto no início do século XX e, em algumas regiões brasileiras, na atualidade.

Para Leal (2012), o coronelismo é a demonstração do poder privado que os donos de terras tinham sobre a população local. Na época, os trabalhadores rurais, por permissão desses senhores, ou *coronéis*, como eram conhecidos, residiam nas fazendas e recebiam um salário que mal custeava suas despesas, sempre precisando do apoio da autoridade para obter os recursos de que necessitavam.

O voto funciona um mecanismo de troca de dádivas (tema de que tratamos no Capítulo 4), já que a legislação e o aparato estatal da época não davam salvaguarda à população carente. Vale lembrar que, durante a República Velha, o voto não era secreto, o que permitia aos senhores de terras verificar como seus funcionários e as famílias deles votavam. Aqueles que não obedeciam à ordem dos coronéis poderiam sofrer uma simples advertência verbal ou consequências mais sérias, como castigos físicos e a perda do emprego e da moradia.

Nesse período, a organização social brasileira dava sustentação ao poder privado, principalmente no interior do país. Não que o chamado *voto de cabresto* não existisse nas regiões urbanas, mas sua dinâmica não era tão explícita quanto nas fazendas. Hoje, podemos ver os reflexos históricos desse modelo, como o *filhotismo*[1], o *nepotismo*[2], o falseamento de votos e a desorganização dos aparelhos públicos no âmbito local.

Voltando ao coronelismo, destacamos que esse sistema também é uma prestação social, como propõe Mauss (2003), pois estabelece uma relação de troca entre os proprietários de terras e seus empregados, além de uma troca de favores entre os políticos e os coronéis. Nesse cenário, compreender a dinâmica da teoria da dádiva e o que está sendo trocado não é difícil: voto por emprego e

---

1 *Prática de favorecer, promover e dar visibilidade aos filhos e aos parentes próximos por alguém já estabelecido, no caso, politicamente.*
2 *Termo utilizado para indicar o favorecimento de parentes ou de amigos próximos, em detrimento de pessoas mais qualificadas, por exemplo, na nomeação de cargos públicos.*

moradia – na expectativa de receber ou na demonstração de agradecimento por ter essas coisas providas pelo senhor das terras.

Deve estar claro que, nos tempos atuais, o papel do voto como elemento de troca ainda existe, mas os mecanismos do funcionamento dessa prática sofreram algumas alterações. Hoje, o eleitor tem mais opções e o processo de tomada de decisão do voto pode envolver uma relação custo-benefício mais complexa. Além disso, a esfera não é mais apenas econômica e a percepção do que é eleição pode não ser a mesma para os candidatos e para os eleitores.

(5.2)
Voto: uma escolha individual?

Uma das discussões sobre o voto é que ele é um ato individual e estimulado por meio de mecanismos do processo eleitoral para que assim o seja, o que pode ser exemplificado pelo uso de cabines de votação e pelo fato de ser secreto. Contudo, os processos eleitorais na história do Brasil colocam em xeque essa ideia de que o voto é expressão de opinião do indivíduo: há inúmeros casos de clientelismo[3], voto identificado (como no caso do coronelismo), voto proferido sem conhecimento prévio de quem são os candidatos ou sem posicionamento ideológico claro.

Isso ocorre provavelmente porque os indivíduos pertencem a uma sociedade e, por isso, participam de uma série de atividades carregadas de infinitas representações simbólicas, que demarcam sua representação e seu papel na coletividade e podem direcionar

---

3   Prática eleitoral na qual políticos procuram privilegiar uma clientela (conjunto de indivíduos dependentes) em troca de votos. É a troca de favores entre quem detém o poder e quem vota.

suas ações. Tal realidade desmonta o raciocínio de que o voto é um processo lógico de escolha.

Existem laços familiares, de parentesco, de amizade, de vizinhança e de solidariedade que promovem elos de compromisso a favor de determinados indivíduos. Há diversas esferas de sociabilidade que estão em jogo na definição do voto e elas podem entrar em conflito, significando para o indivíduo a necessidade de articular e navegar socialmente entre os diferentes grupos de interesse.

Como comentamos no capítulo anterior, no cotidiano, as pessoas vivem múltiplas relações de troca de dádivas, por meio das quais constroem vínculos e reafirmam laços já existentes. Essas relações de trocas não podem ser quebradas, sob o risco de promover conflitos. Segundo Palmeira (1992), o que está em jogo são os pequenos favores e as ajudas que podem se acumular no decorrer de um período e, por fim, precisam ser saldados, criando o ciclo de dar, receber e retribuir. Assim, o voto pode ser considerado o resultado de uma interação social promovida pelo **fluxo constante de trocas sociais**.

Dessa forma, quanto maior o favor, mais generosa deve ser a retribuição. Por exemplo, quanto mais um candidato ajuda uma comunidade com recursos de diferentes espécies e fontes, maior deve ser o retorno daquela comunidade em número de votos para ele e vice-versa. Entretanto, como ensina a teoria da dádiva, esse processo é cíclico e constante. O momento da eleição é aquele em que se pretende equilibrar as relações. No caso do clientelismo ou da patronagem[4], esse equilíbrio nunca se efetivava. Se o eleitor estava em dívida, o máximo que ocorria era a amortização[5] de uma parte dela.

---

4   Apoio moral ou material oferecido por uma pessoa ou organização.
5   Ato de pagar gradualmente ou em prestações para abater parte de uma dívida ou de um empréstimo.

Outro ponto importante é compreender o funcionamento dessa troca. Diferentemente de outras, nas quais pode ocorrer a materialidade do que está sendo negociado, no voto, **a troca é de intenções**, ou seja, a garantia é tão somente a palavra das partes. De um lado, há um pedido e, do outro, uma promessa. Não há um objeto que possa transmitir segurança para ambos os lados. Como diz Palmeira, é a promessa da retribuição com a promessa do atendimento. Isso é o suficiente para criar um vínculo entre as partes – mesmo que a palavra não seja empenhada em público –, gerando uma dívida de honra entre os envolvidos. No ato de votar, então, as pessoas acompanham as escolhas de seu grupo ou elegem aquele com quem têm um compromisso. Em síntese, ao contrário do que acontecia no período da patronagem e do clientelismo, a configuração atual do voto pode se enquadrar como ajuda ou como favor ao outro, pois, no **jogo das promessas recíprocas**, não há elementos de materialidade.

Analisando o processo de troca pelo ângulo político, a probabilidade de um candidato angariar votos é proporcional a sua capacidade de gerar compromissos durante a campanha. Nesse sentido, a distribuição de recursos e bens (dinheiro, brindes, camisetas, obras etc.) durante a campanha e nos períodos que a antecedem, principalmente nas pequenas cidades do interior do país, é o momento em que se constroem as relações de troca de votos. Assim, receber um bem ou um serviço de um candidato em campanha ou mesmo em outra época pode ser interpretado pelo eleitor como um favor ou uma ajuda, gerando nele uma dívida e um comprometimento com o candidato.

Isso pode explicar por que, durante anos, partidos de esquerda no Brasil obtiveram péssimos resultados em eleições: eles operavam segundo a lógica de que o eleitor pode receber dinheiro ou o que for de um candidato (de direita, por exemplo), mas, na hora de votar, escolher o postulante que é mais identificado com sua classe ou com sua consciência (de esquerda, nesse caso). A partir do momento em que candidatos de partidos de esquerda começaram a atuar como seus concorrentes, a eficácia de suas campanhas e sua permanência no poder tornaram-se mais concretas.

A eficácia da troca do voto estaria justamente no **sentimento de honra** criado pelo endividamento moral e social entre o candidato e o eleitor. O objeto da troca ultrapassa a materialidade, pois esse ato cria, sobretudo, um compromisso. A materialidade pode estar presente, mas ela não é capaz de superar os elos de dívida gerados pelas trocas entre os atores sociais. Isso nos faz supor que a "palavra" teria grande peso na cultura brasileira.

Contudo, não podemos desconsiderar, em nossa análise, o que está em jogo, além da "palavra". A distribuição de bens, até hoje, em maior ou menor grau, parece ser inerente ao processo eleitoral em várias regiões do país. Isso aponta possíveis características dos atores sociais envolvidos diretamente no processo eleitoral. Fala-se muito em "compra de votos", por exemplo, quando o ator político demonstra ter forte poder econômico. Também pode fazer parte do jogo da disputa monetizar qualquer transação material, criando, em última instância, a mercantilização do voto ou mesmo a demonstração de apoio a determinado candidato.

Nas manifestações pró e contra o governo federal, em 2016, nos discursos proferidos pelos dois lados, havia a acusação de compra da participação nas manifestações de rua e surgiram alegações de que eram oferecidos almoços e jantares aos manifestantes, ou o chamado *kit manifestante*, com camisetas, bandeiras, bonés e lanches, além do pagamento em dinheiro em espécie. Um lado procurava construir o discurso de que as relações de troca entre políticos e eleitores não estava seguindo as regras de compromisso, pois o governo federal havia rompido com sua palavra (sendo acusado de mentir, mudar a condução das políticas públicas e praticar corrupção). O outro lado, por sua vez, pregava a ideia de que era necessário fazer uma defesa dos compromissos honrados e que estes estavam em risco por causa de outros interesses – a defesa do emprego, das políticas sociais assistenciais e de uma certa invocação de dívida moral para com o grupo que estava no poder naquela ocasião.

O que fica evidente nas disputas do que está sendo trocado, seja no caso citado anteriormente, seja em tantos outros de nosso passado, é que, de um lado, há a denúncia de procedimentos tidos como desonestos e, de outro, a retórica capaz de obter apoios externos contra as possibilidades de uso indevido de instrumentos que são sempre acionados nos períodos eleitorais ou de confrontos políticos. Essas ferramentas, quando são usadas fora de um limite, podem provocar um desequilíbrio capaz de ameaçar líderes políticos e o próprio objetivo das disputas para os grupos sociais envolvidos.

Dessa forma, a compra de voto ou de apoio bem como as denúncias não são exclusivas deste ou daquele grupo. No jogo das disputas por apoio, todos utilizam as mesmas estratégias em busca do compromisso dos eleitores, promovendo a solidariedade com eles por diferentes meios, desde que sejam eficazes. O que parece ser condenável são as seguintes situações:

- O uso de dinheiro ou de outros bens, sem que seja mediado pelo compromisso entre as partes, para desfazer compromissos previamente estabelecidos ou para tentar obter votos e apoio.
- A utilização, durante as campanhas, de recursos financeiros incompatíveis com as capacidades financeiras dos candidatos.
- A mercantilização de certos elos de redes sociais (cabos eleitorais) para a obtenção de apoio durante as eleições ou disputas políticas.

Nas campanhas eleitorais, parece ser considerado normal que um candidato ou um partido remunere seus cabos eleitorais ou que seja feita a distribuição de refeições ou mesmo a doação de pequenas quantias aos eleitores para custear alguma despesa, esperando, assim, obter apoio. A prática dessas três ações representa uma violação da lógica moral da disputa por votos.

Fazemos, neste ponto, o seguinte esclarecimento: quando falamos de *disputa por votos*, estamos nos referindo muito mais ao apoio a um candidato do que ao voto propriamente dito. O que está em disputa, acima de tudo, é a **adesão** do eleitor e sua capacidade de demonstrar publicamente seu compromisso e sua vinculação a determinado grupo político. Afinal, atualmente, sendo o voto secreto, não é possível ter certeza sobre ele.

Uma vez que o compromisso seja público, a disputa pelo voto concentra-se nos eleitores indecisos, que podem determinar sua escolha sob a influência da declaração pública que os integrantes de seu círculo social fazem sobre os grupos políticos. O eleitor indeciso é um ente com potencial de voto múltiplo, cuja decisão é construída por meio das redes sociais às quais está vinculado por algum laço de lealdade (família, grupo religioso ou trabalho). Ele é capaz de ceder seu voto e influenciar outras pessoas ligadas a ele. Por exemplo, o chefe de família que influencia a escolha dos filhos (ou mesmo a determina, em alguns casos), ou aquele que é gerente em uma empresa e é capaz de influenciar a decisão de seus colaboradores, apresentando-lhes um cabo eleitoral de determinado partido ou o próprio candidato. Pode ser um professor que induza seus alunos, dado o carisma que possui, ou um líder religioso, como um padre ou um pastor, disposto a criar laços que legitimem sua influência na comunidade em que atua.

Hoje, sem dúvida, os maiores redutos de busca por votos estão nas periferias das cidades, nos bairros mais afastados, nas favelas e nos bolsões de pobreza. Nesses ambientes, ainda é possível encontrar as antigas regras do coronelismo ou do clientelismo operando, mas com novos atores. As lideranças dessas comunidades – como presidentes de associações de bairro e de instituições sociais sem fins lucrativos, chefes de quadrilhas ou de milícias, e traficantes de drogas – operam como organizadores do poder e articuladores das trocas, em um ambiente no qual predominam o desemprego e a limitação de acesso aos bens públicos (ou mesmo privados), onde o apoio e o assistencialismo passam, obrigatoriamente, pelo aval e pelo direcionamento desses grupos de poder.

A disputa pelo voto, assim, parece dispor de um tempo próprio para ocorrer: o "tempo da política". Falaremos mais sobre isso no próximo capítulo.

Estudo de caso

Impeachment de uma presidente

O ano de 2016 foi marcado por grandes movimentações na política brasileira. Entre os eventos, podemos destacar a votação na Câmara dos Deputados para a admissibilidade do impedimento (*impeachment*) da Presidente Dilma Rousseff, que ocorreu em 17 de abril de 2016. Dada sua grande significância e repercussão midiática (com transmissão ao vivo pela televisão aberta por várias horas), estudantes da disciplina de Antropologia da Política, do curso de Ciência Política daquele semestre[6] dedicaram-se a entender o processo de votação como um evento simbólico.

---

6 *Realizaram esta pesquisa os alunos Rafael Azevedo Perich, Alex Dal Gobbo Abi, Gennaro Vela Neto, Giovanna Lombardi e Thiago Meira da Cruz.*

Com um total de 367 votos favoráveis, 137 contrários, 7 abstenções e 2 ausências, o processo de cassação foi autorizado pela Câmara dos Deputados e teve continuidade no Senado Federal. O método de votação não foi secreto e, em meio aos cartazes de "Impeachment já", "Fica, Dilma" e "Não vai ter golpe", políticos de oposição e da base aliada do governo se confrontaram antes e durante o evento. A sessão começou na manhã de sexta-feira, 15, culminando por volta das 4 horas da manhã de domingo, 17.

Para entender esse caso, precisamos fazer um retrospecto dos acontecimentos que antecederam a votação. O pedido para a cassação foi registrado no 4º cartório de notas de São Paulo pelos juristas Hélio Bicudo e Miguel Reale Junior, assinados também pela advogada e professora da Universidade de São Paulo (USP), Janaína Paschoal, além de representantes de movimentos contra a corrupção. O pedido foi apresentado ao presidente da Câmara, o então deputado Eduardo Cunha, em 21 de outubro de 2015 e a abertura do processo ocorreu em 2 de dezembro de 2015.

A tratativa do pedido envolveu a denúncia de suposta infração que a presidente haveria cometido contra a Constituição no desempenho de suas funções – de modo a cumprir as metas parciais orçamentárias, ela teria incorrido no atraso de repasses aos bancos públicos, prática chamada de *pedaladas fiscais*.

Além disso, os autores do pedido alegaram que a Presidente Dilma Rousseff, sem o aval do Congresso, havia autorizado créditos extras em 2015 por meio de seis decretos presidenciais, o que poderia ser interpretado como descumprimento da Lei de Responsabilidade Fiscal – Lei Complementar n. 101, de 4 de maio de 2000 (Brasil, 2000). A Presidente Dilma Rousseff, em sua defesa, alegou que não havia atos ilícitos em sua gestão, tampouco suspeita de desvio de dinheiro público.

Deputados do Partido dos Trabalhadores (PT) anunciaram o pedido para suspensão do processo de *impeachment* sob a argumentação de que o deputado Eduardo Cunha tinha motivos políticos oportunistas e de abuso de poder. Na mesma data, o presidente da Câmara teve seu processo de investigação no Conselho de Ética aprovado, depois de anteriormente ter recusado outros pedidos de *impeachment*. Então, o pedido do processo foi aceito por conta dos problemas políticos que Eduardo Cunha apresentava no momento e que, posteriormente, provocaram sua cassação.

Com o aceite de Eduardo Cunha, foi instaurada uma comissão especial para analisar o processo, com grandes divergências entre as bancadas políticas sobre os membros que a comporiam. A oposição optou por uma bancada avulsa em votação secreta, o que levou o Partido Comunista do Brasil (PCdoB) a dar entrada em uma ação no Supremo Tribunal Federal (STF) para vetar o processo de votação.

Em 17 de dezembro de 2015, o STF definiu como se daria o rito do processo de *impeachment*. Uma das tratativas foi reiterar a manobra política de Eduardo Cunha na escolha de uma chapa alternativa, composta por 39 membros da oposição para as 65 vagas da comissão. Para o ministro do STF Dias Toffoli, a chapa avulsa causaria um *deficit* democrático no Parlamento, autorizando a decisão de 26 líderes da Câmara em oposição aos demais 487 deputados da casa.

Com isso, além de os componentes da comissão serem indicados por líderes de partidos, sem chapas avulsas, o STF determinou que o processo ocorresse por votação aberta e que a Presidente Dilma Rousseff não precisava ser ouvida nessa fase do processo. O Senado teria o poder de rejeitar sua continuidade, mesmo que ele possivelmente fosse aprovado pela Câmara.

Na sequência, uma comissão formada por deputados de todos os partidos, em número proporcional à bancada de cada legenda, seguiu o rito do processo e notificou a presidente a se manifestar em um prazo de dez sessões. A notificação de 17 de março de 2016, foi entregue pelo primeiro-secretário da Câmara Beto Mansur, do Partido Republicano Brasileiro (PRB) de São Paulo. Em 4 de abril, a manifestação da defesa, representada pelo então advogado-geral da União, José Eduardo Cardozo, foi apresentada na comissão por meio de um relatório de cerca de 200 páginas.

Cardozo argumentou que as denúncias de pedaladas fiscais e de decretos sobre créditos extraordinários perpetradas contra a chefe do Executivo eram inconsistentes, podendo, no máximo, incorrer em inadimplência do governo e que, no segundo caso, havia práticas similares também já feitas por outros governos e, portanto, as acusações não eram cabíveis. A aceitação da denúncia era uma retaliação pessoal do presidente da Câmara pelo fato de o PT ter dado continuidade a seu processo de cassação no Conselho de Ética. Segundo Cardozo, a conjuntura organizada por Cunha era visivelmente definida como um "golpe contra o Estado" e culminaria em um possível governo do vice-presidente de Dilma Rousseff, Michel Temer, este sim um governo sem legitimidade.

O rito seguiu e, em 6 de abril, o parecer favorável do relator do *impeachment*, o deputado Jovair Arantes, do Partido Trabalhista Brasileiro (PTB) de Goiás, concedeu a admissibilidade dos autos na apuração das denúncias de má administração do Executivo. Por fim, ainda rechaçou a menção em "golpe contra o Estado" defendida pela posição governista.

O parecer foi para votação no Plenário em 11 de abril, e recebeu 38 votos favoráveis à continuidade do processo e 27 votos contrários. O processo de afastamento de Dilma Rousseff foi publicado no Diário Oficial da União no dia 13 e foi encaminhado para votação quatro dias depois, culminando em um grande evento de cobertura midiática, ganhando ampla visibilidade.

Iniciada com tensão e princípios de tumulto, a sessão de votação durou cerca de 6 horas, considerando que todo o processo de discussão e de votação do *impeachment* consumiu quase 53 horas ao todo, desde o início na sexta-feira, 15. O painel de votação foi aberto às 14h e encerrado às 23h50min. Já a votação em si ocorreu entre as 17h41min e as 23h48min.

Uma faixa com os dizeres "Fora, Cunha" foi estendida atrás da Mesa Diretora, causando alvoroço no início da sessão, e logo teve de ser retirada. A troca de insultos entre os parlamentares obrigou Eduardo Cunha a pedir silêncio. Dentre os exaltados estava o deputado Paulo Teixeira (PT-SP), e Cunha ameaçou chamar os seguranças para retirá-lo da sessão. Gritos de "Fora, PT" e "Não vai ter golpe" reverberavam na Câmara. Com isso, Cunha solicitou que os parlamentares abrissem espaço e evitassem posicionar-se à frente de cartazes na tribuna de votação.

Antes do início da votação, durante seu discurso, o deputado Paulinho da Força, do partido Solidariedade (SD) de São Paulo, liderou um coro de parlamentares pró-impeachment com a cantoria "Dilma, vai embora que o Brasil não quer você, e leve o Lula junto e os vagabundos do PT!", e, ao término de seu discurso, caiu uma chuva de papel picado sobre o Plenário.

A cada voto, havia comemorações de um dos dois lados. O voto número 342, que era o mínimo para garantir o julgamento pelo

Senado, foi dado com emoção e choro pelo deputado Bruno Araújo (PSDB-PE) e celebrado à exaustão pelos partidários do *impeachment*: "Quanta honra o destino me reservou de poder, da minha voz, sair o grito de esperança de milhões de brasileiros. Senhoras e senhores, Pernambuco nunca faltou ao Brasil. Carrego comigo nossa história de luta pela democracia. Por isso, digo ao Brasil 'sim' pelo futuro" (Brasil, 2016a).

O voto do presidente da Câmara também foi um dos mais ovacionados pelos parlamentares pró-impeachment, embora tenha sido curto: "Que Deus tenha misericórdia desta nação. Eu voto sim" (Brasil, 2016b). Cunha recebeu aplausos, críticas, vaias e ameaças no discurso de alguns parlamentares.

Embora a sugestão do rito fosse acordada para que cada deputado fizesse o pronunciamento de seu voto em 10 segundos, não foi o que ocorreu, dada a disposição que se verificou no discurso de cada parlamentar. Nesse sentido, ficou evidente que os votos não se limitaram ao seu objetivo de apenas dizer "sim" ou "não", mas foram logrados como barganha de quem os pronunciava, atribuindo suas decisões às mais díspares explicações ou devoções. Também devemos lembrar que, no segundo semestre de 2016, seriam realizadas eleições municipais e um evento como esse dava grande visibilidade aos políticos, a seus padrinhos e a seus apadrinhados.

Durante os votos, os parlamentares fizeram dedicatórias e agradecimentos a Deus, a suas famílias, a seus filhos, a suas esposas, à nação evangélica, aos militares de 1964 e aos maçons do Brasil, entre outros, o que evidenciou certo englobamento dos âmbitos público e privado.

Por fim, a admissibilidade do processo foi reiterada pela maioria dos votantes e o parecer seguiu para o Senado Federal. Nessa instância, foi constituída uma comissão especial que deu início à investigação.

Após o *impeachment* ser aprovado pelo Senado, a Presidente Dilma Rousseff foi afastada do cargo e julgada. Por fim, o Senado decidiu por sua cassação.

Sobre o rito de votação na Câmara de Deputados, foi possível realizar uma série de análises. A primeira, mais quantitativa, diz respeito às palavras empregadas. Quando as examinamos, entendemos um pouco melhor as representações simbólicas ativas e o uso do processo de votação como *performance* para fortalecê-las. Ao verificar os discursos, o grupo de pesquisa constatou que foram proferidas 19.422 palavras nos grupos pró-impeachment e 7.308 nos contrários. Considerando que o primeiro grupo teve 2.670 palavras distintas e o segundo, 1.446, podemos ver a proporção de variação de discurso entre eles. A proporção de palavras distintas sobre o total de palavras do grupo pró-impeachment foi de 0,137, enquanto o grupo contra o processo teve uma variação de discursos maior, com proporção de 0,197.

Ao averiguarmos a porcentagem representada pelas 100 palavras mais frequentes nos discursos, percebemos que a taxa dos grupos fica próxima: o primeiro, com 65,1%, e o segundo, com 64,2%. Analisando a quantidade de vocábulos representados por 50% do discurso, o primeiro grupo usou 36 termos, e o segundo, 42. Dentre as 25 palavras mais frequentes do primeiro grupo, destacaram-se as seguintes: *meu, pelo, Brasil, minha, pela, povo, pelos, família, nome, meus, nosso, respeito, contra, nós, esperança* e *Deus*.

Nota-se uma grande quantidade de vocábulos que indicam posse ou dádiva (*fazer pelo Brasil*, por exemplo). Quando não se usou esse tipo de sentença, houve referências à família, a Deus e à ideia de esperança, normalmente ligados a discursos do mundo privado.

Já no segundo grupo, as palavras mais relevantes entre as 25 mais frequentes foram: *democracia, golpe, contra, povo, Dilma, minha, respeito, constituição, defesa, crime, Cunha, homenagem* e *trabalhadores*.

Esses discursos mostraram-se enfáticos no argumento quanto a *um golpe*, que é contra a *democracia*, e assinalaram que a *Constituição deve ser respeitada* (na opinião do grupo, *respeito* equivalia a *não tirar a presidente*). Além disso, *Cunha* (alvo de ofensas) e *trabalhadores* (alvo de saudações) também foram citados.

Retomemos alguns elementos desse relato para aprofundar a análise dos eventos ora em foco.

Já no início da sessão, havia ficado clara a necessidade de utilização de um conjunto de símbolos adequados à situação. Nesse momento, entretanto, as regras do espaço público e o estilo da classe política diferiram. Por exemplo, em tese, o Estado deve manter-se laico, mas entre a classe política atual, o político deve quase obrigatoriamente relacionar-se à religião e à família. A ideia é afastar valores referentes ao espaço público e à realidade da rua, aproximando-se do mundo privado e da realidade da casa, nos quais predominam os laços familiares, religiosos e de compadrio.

Naquela sessão, o então presidente da Câmara dos Deputados, Eduardo Cunha, iniciou os trabalhos com uma exaltação a Deus e ao povo brasileiro. Seu discurso foi seguido por um tumulto que contou até mesmo com uma faixa de protesto contra ele.

Focando apenas o início da votação, percebemos que permaneceu o rito, mas ele foi modificado por variáveis presentes no contexto atual, especialmente em virtude da atuação de uma liderança impositiva. O tumulto foi seguido por xingamentos contra Dilma Rousseff, os quais foram puxados por um parlamentar antes das votações.

Cada voto favorável ao *impeachment* era seguido por uma comemoração, aproximando-se muito do que ocorre nos esportes competitivos ou nos leilões citados por Lanna (1995) no livro *A dívida divina: troca e patronagem no Nordeste brasileiro*, fazendo supor que cada voto equivalia a um arremate. Lembremos que o tempo para que cada parlamentar desse seu voto, inicialmente definido como 10 segundos, foi extraordinariamente estendido, especialmente entre aqueles cujo voto era "sim".

Tal sequência de fatos lembra muito a realidade que DaMatta (1985) define como *festas* na cultura brasileira, na qual extraordinariamente institui-se a confusão entre o *establishment* de esferas distintas – a casa e a rua – e deslocam-se padrões, como a prevalência das relações de compadrio, apesar de se seguir o rito estabelecido no ambiente parlamentar.

Enquanto acontecia o englobamento de símbolos usados em casa e na rua, dos mundos público e privado, ficava claro também que, apesar da confusão institucionalizada na utilização dessas representações naquele momento, alguns pontos muito específicos do mundo da rua ficaram em evidência, como a reiteração de que o lugar da mulher não era ali, no universo da política, no mundo externo ou no meio público, por meio de frases como "Tchau, querida", demonstrando que o englobamento dos mundos público e privado serve e é aceito apenas quando favorável ao *status quo* vigente.

Os discursos e os comportamentos observados durante o evento do *impeachment* da Presidente Dilma Rousseff explícitam a mecânica da teoria da dádiva. A observação do episódio permite compreender os votos como uma escolha persuasiva entre os parlamentares, uma troca de favores por meio da qual, ao pronunciarem seus discursos e suas decisões, demonstram a possibilidade de retribuir certo "favor" com o uso de mecanismos simbólicos atrelados a uma posição em defesa da família ou em prol do patriotismo, e até mesmo envolvendo crenças religiosas.

Assim, seus votos não se limitaram a expressar a verdadeira decisão entre *sim* e *não*; os políticos precisavam manifestar os motivos de suas escolhas e aplicá-los em sua retórica em relação ao *impeachment*. Contudo, sua recíproca se resume a um acordo entre o público e o privado, objetivando o processo de troca.

Síntese

Neste capítulo, conceituamos o voto por meio do referencial teórico da antropologia e explicamos como ele opera em nossa realidade, já que esse é um dos principais rituais políticos presentes em uma sociedade com Estado. A seguir, apresentamos um resumo dos conceitos abordados no capítulo.

Conceito	Resumo
Voto	Entendido como a manifestação de uma preferência ou de uma escolha, a qual pode ocorrer de forma pública ou secreta. Ttalvez seja o elemento mais representativo do processo eleitoral de uma sociedade democrática.
Coronelismo	Demonstração do poder privado que os donos de terras tinham sobre uma população local. Nesse contexto, os trabalhadores rurais, por permissão desses senhores, ou *coronéis*, como eram conhecidos, residiam nas fazendas e recebiam um salário que mal custeava suas despesas, sempre precisando do apoio da autoridade para obter os recursos de que necessitavam.
Eleição	Momento em que se pretende equilibrar as relações entre eleitores e políticos. É quando pode ocorrer o "ajuste de contas" em uma relação de troca de favores.
Compromisso	Aquilo que realmente está em jogo no momento da eleição, pois a materialidade do voto não pode ser confirmada entre as partes. O que se troca é a "palavra" e o compromisso do ato.

Questões para revisão

1. O voto é compreendido como a manifestação de uma preferência ou de uma escolha, a qual pode ocorrer de forma pública ou secreta. Sobre esse conceito, analise as afirmativas a seguir e marque V nas verdadeiras e F nas falsas.

   ( ) Historicamente, no processo eleitoral brasileiro, o voto sempre esteve marcado por dinâmicas políticas que colaboraram para a construção de uma sociedade democrática.

   ( ) Durante a República Velha, a organização social dava sustentação ao poder privado por meio do chamado *voto de cabresto*.

   ( ) O coronelismo também é uma prestação social, pois estabelece uma relação de troca entre os proprietários de terras e seus empregados e entre os políticos e os coronéis.

   ( ) No coronelismo, o voto era utilizado como mecanismo de controle social nas comunidades urbanas, pelo qual era dado em troca de emprego e, assim, gerava-se o sentimento de dívida com os políticos locais.

   Agora, assinale a alternativa que apresenta a sequência correta:
   a) V, V, F, V.
   b) F, F, V, F.
   c) F, V, V, F.
   d) V, F, F, V.
   e) V, V, F, F.

2. No cenário mais recente da história brasileira, o eleitor tem mais opções e o processo de tomada de decisão do voto pode envolver uma relação custo-benefício mais complexa. Sobre esse entendimento, analise as afirmativas a seguir e marque V nas verdadeiras e F nas falsas.

( ) Com as atuais regras de voto, as trocas são apenas econômicas, e a percepção do que é a eleição é a mesma para os candidatos e para os eleitores.

( ) Sendo o voto secreto, o processo decisório recai apenas sobre a pessoa. Isso torna o processo um ritual individual, isento de laços nos grupos sociais. O único vínculo, nesse caso, é entre o eleitor e o candidato e, mesmo assim, não é pleno.

( ) Independentemente de ser secreto, na sociedade brasileira, o voto precisa ser declarado, pois, no processo de trocas de dádivas, o compromisso é parte fundamental e, para participar desse sistema, é preciso expressar a intenção ou a escolha pessoal.

( ) A declaração da intenção de voto reforça os laços existentes e mapeia o indivíduo na ordem social, pois pode expressar a rede de relacionamentos do sujeito e os grupos aos quais está vinculado ou dos quais quer participar.

Agora, assinale a alternativa que apresenta a sequência correta:

a) V, F, V, F.
b) V, F, F, V.
c) V, F, V, V.
d) F, V, F, F.
e) F, F, V, V.

3. Identifique a alternativa que completa adequadamente a frase a seguir:

No processo eleitoral, o que está em jogo são os _____ e as ajudas que podem _____ no decorrer de um período e, por fim, precisam ser _____, criando o ciclo de dar, _____ e retribuir.

a) grandes favores, mudar, repassados, repartir.
b) interesses, diminuir, saldados, trocar.
c) pequenos favores, se acumular, saldados, receber.
d) interesses, mudar, repassados, receber.
e) empréstimos, aumentar, pagos, receber.

4. Diferentemente de outros tipos de trocas, nos quais pode ocorrer a materialidade do que está sendo negociado, no voto, a troca é de intenções. O que está em jogo é a palavra das partes. A esse respeito é correto afirmar:

a) No voto, existe a promessa da retribuição associada a algum tipo de atendimento ou de benefício recebido.
b) No voto, a palavra pode não ser material, mas é tratada como valor venal entre as partes.
c) No coronelismo, a palavra do coronel era a que mais valia.
d) No voto, o que se troca são palavras e o que se recebe são bens socialmente reconhecidos.
e) O candidato sempre pode confiar que o eleitor dará a ele seu voto como retribuição de um favor concedido.

Raphael Hardy Fioravanti

5. Na perspectiva do candidato, o voto pode ser entendido de outra forma. Sobre isso, analise as afirmativas a seguir e marque V nas verdadeiras e F nas falsas.

( ) A probabilidade de um candidato angariar votos é proporcional a sua capacidade de gerar compromissos.

( ) A distribuição de recursos e de bens (dinheiro, brindes, camisetas, obras etc.) na campanha e nos períodos que a antecedem é uma forma de pagar a dívida com o eleitor.

( ) O recebimento de um bem ou de um serviço durante o período de campanha ou mesmo fora dele pode ser uma forma de gerar dívida e comprometimento com o candidato.

( ) Os candidatos continuam promovendo trocas de dádivas fazendo uso de bens ou de serviços, porque esse é o único meio de garantir que o eleitor vote neles.

Agora, assinale a alternativa que apresenta a sequência correta:

a) V, V, F, F.
b) V, F, V, F.
c) F, V, F, V.
d) F, F, V, V.
e) V, F, F, V.

6. Como podemos relacionar o voto com a teoria da dádiva?

7. O que foi o coronelismo e como o voto era tratado?

Questões para reflexão

1. Pesquise sobre o voto de cabresto e investigue por que ele recebeu essa designação. Em seguida, analise-o com base na teoria da dádiva.
2. Investigue se em sua cidade foram noticiados casos sobre ações de compra de votos e por que foram caracterizados assim.

Para saber mais

LEAL, V. N. **Coronelismo, enxada e voto**: o município e o regime representativo no Brasil. 7. ed. São Paulo: Companhia das Letras, 2012.

Publicado em 1948, esse estudo sobre a vida política brasileira no início da República mostra a organização da sociedade da época por meio do sistema do coronelismo. Na obra, Leal explica a origem desse nome e como eram as relações entre os senhores de terra, os políticos e a população rural.

Raphael Hardy Fioravanti

Capítulo 6
O "fazer política"

Conteúdos do capítulo:

- O tempo da política.
- A política como navegação social.
- A aplicação dos mecanismos da antropologia no estudo de ações políticas.

Após o estudo deste capítulo, você será capaz de:

1. explicar o conceito de tempo da política e por que ele é um ato ritual;
2. aplicar os mecanismos de pesquisa e usar os diferentes conceitos teóricos da antropologia;
3. identificar casos nos quais os conceitos antropológicos podem ser utilizados para entender as ações políticas.

O voto, como afirmamos no capítulo anterior, ocorre em determinados momentos na linha do tempo da vida social. Esse tempo, ou melhor, o tempo da política, tem se configurado como um dos elementos fundamentais nos estudos etnográficos da antropologia da política.

(6. 1)
O TEMPO DA POLÍTICA

O tempo da política é uma construção nativa, ou seja, é uma definição construída e significada pelo grupo social que é foco da pesquisa. Segundo Teixeira e Chaves (2004, p. 7), o tempo da política significa, "simultaneamente a ênfase em certo momento específico no fluxo da vida social e uma tentativa de circunscrição ou delimitação da abrangência da política por parte da população".

A pergunta que precisamos fazer, então, é a seguinte: O tempo da política ocorre somente durante as eleições? Palmeira (2002), quando começou a explorar o tema, pensou que o tempo da política poderia se resumir às campanhas eleitorais às eleições para o "fazer política". Para o autor, esses momentos poderiam ser construções regionalistas, mas essa possibilidade logo foi descartada, pois ele e outros pesquisadores identificaram a existência de períodos de atividades políticas em diversas regiões brasileiras.

Para Palmeira (2002), o tempo da política não envolve apenas os candidatos e os eleitores, mas toda a população, que tem seu cotidiano alterado nesses períodos rituais. Logo, o tempo da política é um momento no qual o conflito é permitido e grupos ou facções se estabelecem e demarcam suas posições (ideológicas e espaciais), mapeando e dividindo os membros da sociedade. Cria-se, assim, mais uma referência de "navegação social". É um instante em que a sociedade apresenta suas divisões, as quais não se formam de maneira casual, pois estão relacionadas a rituais e interdições espaciais. Enfim, o tempo da política não é apenas o momento de escolha de governantes, mas também de promoção de um grande reajuste social.

Para explorar mais o tema, voltaremos nossa atenção para as eleições e o voto. As eleições representam o período em que são possíveis os rearranjos ou a reformulação da composição de compromissos firmados entre os políticos. É no tempo da política que há a construção das lealdades ou seu desmantelamento. Por exemplo, entre a realização de duas eleições, diversos eventos podem ocorrer e ressignificar as relações, assim como a lealdade a determinado grupo, pelo fato de a relação não ser mais sustentável e possível entre os políticos envolvidos. A coexistência de várias fontes de favor pode gerar problemas ao eleitor em sua declaração de compromisso, pois são múltiplos os grupos com os quais ele pode ter relações e obrigações.

Nesse sentido, Palmeira (2002) afirma que, ao contrário de outras atividades, a política não deve ser pensada como uma atividade permanente, visto que está circunscrita a um momento determinado: o período eleitoral. Como dito anteriormente, esse é o instante em que os grupos (partidos políticos) são identificados e estabelecem como será o conflito aberto.

Particularmente, consideramos o tempo da política algo bem mais amplo. Ele não se restringe às eleições; em verdade, ele se dá a qualquer momento, desde que a sociedade o veja como necessário para a organização ou a reorganização de sua dinâmica política. Em síntese, poderíamos identificá-lo em qualquer período no qual ocorram disputas de interesses.

Por exemplo, em 2014 houve uma série de manifestações populares em todo o país. As reivindicações eram difusas e não existia uma organização dos protestos, porém esse também era um tempo da política, pois foi um momento em que membros da sociedade precisaram posicionar-se publicamente e estabelecer seus compromissos.

Mais recentemente, em 2015 e em 2016, houve novamente um tempo da política fora do período de eleições – se considerarmos essas ações como absolutamente deslocadas do ritual e do calendário regimental dos pleitos políticos. Dessa vez, os gatilhos foram as crises econômica e política, bem como as ações de investigação da Operação Lava Jato[1]. Também nesse episódio os membros da sociedade demarcaram publicamente suas posições como a favor ou contra o governo vigente. Assim como no voto, o que estava em jogo era a demonstração do compromisso estabelecido naquele instante pelos indivíduos. Logo, faria mais sentido conceituarmos o tempo da política como o momento em que ocorre o conflito entre grupos políticos.

Portanto, o tempo da política não se limita a um período de calendário ou eventos como festas, greves e manifestações, inclusive porque esses "tempos" não se definem essencialmente na relação um com o outro. Nesses casos, o tipo de compromisso pode variar de acordo com o fato em curso.

Devemos esclarecer que o tempo da política é um conceito em construção e está solidamente atrelado às concepções e às práticas da vida social, havendo muito espaço para a pesquisa de suas múltiplas manifestações.

Observamos que essa noção também permite a ressignificação de sujeitos e, assim, dado o fluxo de relações sociais que promove, é

---

1   A Operação Lava Jato é uma investigação realizada pela Polícia Federal do Brasil, cuja fase ostensiva foi deflagrada em 17 de março de 2014, com o cumprimento de centenas de mandados de busca e apreensão, de prisões temporárias e preventivas e de condução coercitiva, tendo como objetivo apurar um esquema de lavagem de dinheiro. É considerada a maior operação de combate à corrupção na história do país, envolvendo diversos políticos, de vários partidos.

capaz de criar agentes políticos em posições diversas. Foi o que ocorreu nas manifestações de 2014 a 2016, em que houve o surgimento de novas lideranças. Atores da sociedade civil passaram a ser atores políticos, ao se inserirem nos mecanismos políticos estabelecidos para a disputa eleitoral.

O processo de formação desses agentes também pressupõe a construção de seus perfis como candidatos durante as campanhas eleitorais. Nesse sentido, os movimentos de simpatia já foram trabalhados, por exemplo, por Irlys Alencar Firmo Barreira (citado por Teixeira; Chaves, 2004), quando analisa a incorporação de emoções e sentimentos, comuns na vida cotidiana privada, às campanhas eleitorais. A autora observa como se faz necessário demonstrar determinados sinais emocionais em certos tempos e lugares para se obter maior efetividade na disputa eleitoral. Dessa forma, trocam-se não apenas bens e compromissos mas também emoções. Assim, conseguimos perceber a importância da teoria da dádiva para explicar a dinâmica social, em razão de que as trocas de emoções são tão importantes na construção política quanto a troca de bens, físicos ou não.

(6.2)
O ESPAÇO DA POLÍTICA

Além da temporalidade do "fazer política", deve ser levada em consideração nas análises a dimensão espacial, pois não ficam determinados apenas os períodos temporais, mas também os espaços, físicos ou não, nos quais a política deve ocorrer.

Alguns desses espaços tornam-se referências, como a praça da cidade. Alguns são bem conhecidos, como a Avenida Paulista, em

São Paulo, ou as escadarias da Universidade Federal do Paraná (UFPR), em Curitiba. No entanto, também há os espaços virtuais, na televisão e na internet, nos quais a expressão do compromisso, das emoções e dos sentimentos ganha relevo nas disputas eleitorais. Se antes era possível discutir muito sobre a privacidade dos políticos, hoje nem mesmo os eleitores parecem ter privacidade (e os da atualidade parecem não querer tê-la). Os espaços são determinados para neles ocorrer a exposição de ideias e de ideologias e suscitar trocas, criando ou reforçando compromissos.

Assim, avançamos para a prática, o "fazer política", identificando esse conceito como demarcado pelo tempo e pelo espaço das relações políticas. Tanto os candidatos quanto os eleitores compartilham construções simbólicas que delimitam o papel de cada um na sociedade, apresentando suas redes de relacionamento e mapeando os elos de compromisso no jogo do poder.

Então, o "fazer política" acontece a todo instante. No entanto, existem momentos de ápice, que culminam nos rituais eleitorais que ocorrem periodicamente, de acordo com o calendário das eleições. Nesse contexto, identificamos a existência de uma grande estrutura, que utiliza diversos elementos, físicos ou não, conceituais ou não, com grande capacidade simbólica, os quais são utilizados por diferentes esferas sociais em uma mesma sociedade, que opera por meio de uma complexa rede de trocas, na qual existem prestações e contraprestações. O ato de "fazer política" organiza esses elementos para responder às necessidades de ordenamento e de definição de hierarquias nas sociedades, mediante a participação de seus membros e segundo determinados parâmetros rituais estabelecidos culturalmente.

Estudo de caso

O gigante despertou: as manifestações públicas de junho de 2013[2]
Em 2013, ocorreram diversas manifestações populares. Algo que talvez não havia sido visto desde o *impeachment* de Fernando Collor, em 1992. As manifestações tiveram início em junho, em São Paulo, e, com o passar dos dias, tomaram conta das principais cidades do Brasil, como Brasília, Belo Horizonte, Vitória, Juiz de Fora, Viçosa, São Paulo, Porto Alegre, Curitiba, Salvador, Rio de Janeiro, Bauru e Fortaleza.

Tudo começou quando, aos poucos, alunos de universidades e do ensino médio foram às ruas de São Paulo com cartazes, gritos de guerra e um carro de som que espalhava pela cidade a principal reivindicação dos estudantes: a redução do valor da passagem de ônibus. O objetivo era continuar com as manifestações até que a tarifa voltasse ao preço anterior e que fossem feitos estudos para justificar o valor cobrado. Enquanto isso, a população acompanhava os protestos, que alcançaram aprovação da grande maioria. Os manifestantes percorreram as principais ruas da cidade, queimando pneus. Passadas duas horas desde o início do movimento, a Polícia Militar chegou ao local e acompanhou tudo de perto para evitar conflitos.

No decorrer dos protestos, que, a princípio, eram sobre o valor das passagens de ônibus, a população passou a reclamar por melhorias na saúde, na educação e no transporte coletivo, a solicitar reformas políticas e, ainda, a se posicionar contra a Proposta de Emenda à Constituição 37/2011 (PEC 37)[3].

---

[2] *Realizaram esta pesquisa os acadêmicos de Ciência Política Bárbara Borba, Diego Grochoski, Fabrícia Almeida Vieira, Giovanne Zampieri, Jonas Acir Cabral, Mauro Antonio F. S. Filho e Rafael dos Santos Ramos.*

[3] *A Proposta de Emenda à Constituição 37/2011, conhecida como PEC 37 (Brasil, 2011), foi um projeto legislativo brasileiro que, caso fosse aprovado, proibiria investigações pelo Ministério Público.*

As principais chamadas da organização foram feitas por meio das redes sociais, como o Facebook, além de *e-mails*, mensagens de celular e *blogs*, entre outros. Assim, as pessoas começaram a se articular a fim de conseguir o maior número possível de adesões às manifestações.

O ponto de encontro não era definido sempre no mesmo lugar e os participantes se organizavam de forma prática e abrangente. Geralmente, o início das passeatas ocorria em uma praça e os integrantes seguiam em direção a prédios de órgãos públicos, como a prefeitura, a Câmara dos Vereadores, a casa do prefeito ou a casa do governador do Estado, tentando, assim, serem ouvidos pelas autoridades do Estado ou até mesmo pela presidente da República, na época, Dilma Rousseff.

No desenrolar do movimento, apareceram manifestantes considerados baderneiros e arruaceiros: os mascarados que ficaram conhecidos como *black blocs*. A partir desse momento, a passeata, considerada, até então, pacífica, começou a apresentar diversos casos de violência, com saques e destruição de lojas e pontos de ônibus, tornando a cidade um caos até que a Polícia Militar interviesse para conter os ânimos daqueles que queriam gerar conflitos e causar desordem.

Sob o ponto de vista da antropologia da política, esses eventos podem ser considerados *ações rituais*, compostos por significados simbólicos que expressam a organização da sociedade por meio de crenças religiosas e atos cívicos e políticos.

A partir de 1990, as manifestações populares, no Brasil, passaram a ter maior importância sobre o poder. Isso ocorre porque as ações rituais (ou o rito em si) geram ou redefinem símbolos e significados, orquestrando a organização da sociedade. Assim, as representações estimulam e motivam modificações na organização social, engendrando uma nova percepção da realidade graças ao ritual (Geertz, 1979). O rito relacionado com processos políticos pode ser percebido como um momento de divergências na vida social, a qual é marcada por períodos com transtornos e conflitos, denominados *dramas sociais*.

Nesse contexto, as manifestações de junho de 2013 podem ser consideradas um período de drama social, em que uma parcela da população foi às ruas com a intenção de fazer suas reivindicações e houve um conflito com a polícia – a representante do Estado no campo de ação –, cujo comportamento era determinado por interesses políticos.

Na sociedade, há uma grande variedade de grupos sociais e diversos contextos etnográficos. Além disso, o universo da política não é algo definido, exigindo uma análise de cenários particulares. Assim, compete à antropologia da política entender as relações entre os atores envolvidos, como o significado dado às relações do político com a sociedade e com as instituições, valorizando o papel dos indivíduos singulares que atuam em contextos complexos como mediadores entre múltiplos níveis culturais; em síntese, é necessário o entendimento de um amplo e heterogêneo conjunto de relações sociais e de poder. Dessa forma, na realidade social, o rito se mantém enquanto for capaz de gerar benefícios com um valor legítimo e necessário para o grupo que o produz.

Voltando às manifestações de 2013, com certo afastamento temporal, podemos analisá-las de maneira mais profunda. Os movimentos de massa observados, com certeza, foram múltiplos em seus objetivos, em grupos participantes e em aspirações e desejos. Apesar do caráter horizontal e sem lideranças claras e do papel importante das redes sociais nas mobilizações, é certo que elas passaram por algumas fases, predominando em cada uma determinados grupos e pautas.

Os protestos iniciaram-se com o Movimento do Passe Livre (MPL) e com diversos setores organizados da juventude, com a pauta relativa aos transportes públicos mais baratos e de melhor qualidade. Em seguida, com a repressão violenta da Polícia Militar paulista, no dia 13 de junho de 2013, a mobilização espalhou-se por diversas cidades e contou com a participação e o apoio de brasileiros que viviam em outros países, provovando grande comoção. Na segunda-feira, 17, mais de 300 mil pessoas foram às ruas da capital paulista exigindo transporte público de qualidade e se posicionando contra a violência e a repressão policial e midiática, já que alguns jornais chamavam integrantes do protesto de *vândalos* e *terroristas*.

Entretanto, vários jornais apoiaram os manifestantes, principalmente depois que foram registradas ações violentas da Polícia Militar contra jornalistas. Isso aparentemente ampliou a pauta de reivindicações, que passou a incluir críticas aos gastos com a Copa do Mundo de 2014, à PEC 37, aos altos impostos, à corrupção e até a outras manifestações que pregavam a necessidade de uma mudança total. Reclamações por saúde e educação pública de qualidade também ganharam destaque.

Em cidades médias e grandes do interior do estado de São Paulo, muitas escolas particulares liberaram os estudantes para participar das manifestações. Os discursos contra a política, os partidos e os movimentos organizados ganharam cada vez mais espaço, indicando o predomínio de posições de direta. A violência passou a tomar conta do final de quase todas os protestos, com o protagonismo de *pitboys*[4], grupos paramilitares, anarquistas, quadrilhas de assaltantes e arruaceiros diversos. O vandalismo na Assembleia Legislativa do Rio de

---

4 *O termo* pitboy *é um estereótipo criado para identificar jovens masculinos de classe média alta que, habitualmente, envolvem-se em brigas, e foi utilizado durante as manifestações de 2013 pela mídia jornalística para nomear jovens envolvidos com a violência durante os protestos, cujas pautas seriam classificadas como ligadas à política de direta.*

Janeiro, no dia 17, na Prefeitura de São Paulo e no centro da capital paulista, no dia 18, e no Palácio do Itamarati, em Brasília, no dia 20, foram os momentos mais emblemáticos dessa fase.

A esse período, seguiu-se a disputa entre diferentes grupos políticos pela pauta das manifestações de massa. Principalmente a partir de 20 de junho, diversos setores ligados à esquerda voltaram a se organizar e buscaram ocupar espaços nas ruas, ainda hegemonizadas por grupos de direita. A chamada *passeata da vitória*, na Avenida Paulista, em São Paulo, demonstrou a disputa por espaço, ainda com a predominância de grupos conservadores de variadas matrizes. Parte da dita *grande mídia* foi atacada e os manifestantes a "proibiram" de cobrir os eventos, de modo que ela precisou enviar repórteres à paisana e noticiar o movimento por meio de helicópteros e do alto de edifícios.

Por fim, houve a divisão dos grupos de manifestantes, com alguns organizados se expressando de forma separada. Essa fase iniciou-se em São Paulo e em Brasília e, depois, deu-se também no Rio de Janeiro e em Belo Horizonte. Houve, por exemplo, grupos direitistas pregando a volta dos militares ao poder (Partido Militarista do Brasil), médicos corporativistas contrários aos médicos estrangeiros e promotores exigindo o fim da PEC 37. As marchas na periferia de São Paulo por políticas públicas de melhor qualidade e os movimentos pela democratização da mídia ocuparam as ruas em frente aos prédios de uma grande emissora de televisão.

Segundo Quadros (2012), os meios de comunicação, na modernidade, têm papel fundamental e são capazes de gerar uma nova forma de interação pessoal, na qual os indivíduos se comunicam e se conhecem ocupando não o mesmo ambiente físico, mas o virtual. Além disso, eles criam outras formas de exercício do poder: "Entre as formas de exercer o poder está a construção da realidade que passa a comportar experiências não experimentadas, que, ao serem difundidas pelos meios de comunicação, passam a ser vividas pelos receptores como uma realidade virtual" (Quadros, 2012, p. 52).

Na modernidade, a mídia – formada pelos meios de comunicação – faz parte da política, visto que exerce enorme influência sobre as massas e, dessa forma, produz na opinião pública grandes efeitos, sobre os quais Quadros (2012) propõe algumas teorias.

A **teoria elitista** afirma que "os poucos líderes de opinião são bem informados e ocupam o primeiro estágio na estrutura da formação pública e transmitem ideais e valores ao público menos informado" (Quadros, 2012, p. 54). Fica evidente que, para os elitistas, a opinião pública é desenvolvida pelos detentores do poder.

Já as teses da **teoria pluralista** consideram que "a recepção das notícias depende do uso que a audiência realiza dos meios de comunicação e afirmam que é o público que determina o significado último das mensagens recebidas por intermédio dos meios de comunicação" (Quadros, 2012, p. 55).

Os meios de comunicação utilizados tradicionalmente são aqueles que não perdem a credibilidade com o passar do tempo, como a televisão, o rádio e o jornal. Com as manifestações, porém, surgiu uma nova forma de mídia, conhecida como *Mídia Ninja* ou Narrativas Independentes, Jornalismo e Ação (Ninja).

Gráfico A – Perfil da Mídia Ninja no Facebook – compartilhamento e curtidas em junho de 2013

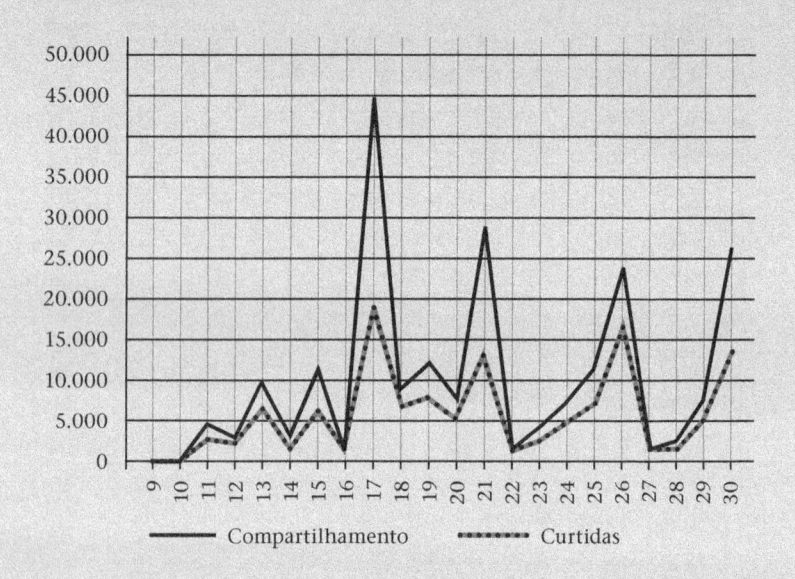

―――― Compartilhamento ········ Curtidas

Fonte: Elaborado com base em Mídia Ninja, 2013.

O Gráfico A apresenta a evolução da quantidade de curtidas e compartilhamentos nos dias em que foram realizadas as manifestações, em 2013. Observa-se que o pico ocorreu em 17 de junho, que foi marcado pela invasão do Congresso Nacional. Além disso, em 15 de junho, havia sido realizada a abertura da Copa das Confederações, em Brasília, que contou com a presença da Presidente Dilma Rousseff, entre outras autoridades. Nesse evento, ocorreu um fato que teve repercussão nacional: a vaia retumbante direcionada à presidente, apesar das repressões a fim de evitar manifestações dentro do estádio, como a utilização de cartazes.

A análise dos fatos ocorridos no Brasil permite observar que, nos últimos anos, houve uma mudança significativa do "fazer política".

Se antes era possível determinar espaços e tempos específicos para os processos políticos, com o surgimento da internet e das redes sociais, agora esses elementos não podem mais ser mapeados. Assim, o "fazer política" passa a ocorrer em todos os locais e em qualquer tempo. É claro que ainda há momentos de ápice – e eles continuarão a acontecer, inclusive porque existe um calendário político instituído pelo Estado para a renovação das representações e o controle dos equipamentos públicos.

Estudo de caso

A justiça pelas próprias mãos
O "fazer política" pode estar presente em todos os momentos, mesmo naqueles que, à primeira vista, parecem não ter uma conexão direta com a esfera política. Foi isso o que pudemos constatar em 2014 e em 2015, quando estudamos um fenômeno social que estava se propagando pelo Brasil: o ato de prender acusados de crimes em postes[5].

No início de fevereiro de 2014, um adolescente negro de 15 anos foi encontrado nu, ferido e acorrentado a um poste no bairro do Flamengo, na zona sul do Rio de Janeiro. O caso foi amplamente divulgado pela mídia nacional e, segundo informações de *sites* e jornais da época, o menino estava acompanhado de três amigos, que conseguiram escapar. Ele foi preso a um poste com uma corrente de bicicleta e torturado durante horas. Sobre os agressores, o adolescente relatou que eram cerca de 30 homens fortes e bem-vestidos, um deles

---

5 Realizaram este estudo os acadêmicos *Alessandra Viero Ramos, Aloisio Justino do Nascimento, Elias Ariel de Souza, Felipe Rezende Borges, Geissa Cristina Franco, Lennon Françoiz Domingos e Rafael Leandro Trevisan Gagliardi.*

estava armado com uma pistola, outros usaram motocicletas para cercar o adolescente.

Nesse caso, um ato qualificado como "fazer justiça com as próprias mãos", o garoto não foi pego em flagrante cometendo um crime. Ele havia sido identificado como um ladrão da região e, por esse motivo, foi punido, sem que tivesse condição de defesa. Ele recebeu a ajuda de uma artista plástica, que divulgou o caso e uma foto na internet. Após ser solto, o adolescente foi levado para um hospital no centro do Rio de Janeiro e foi constatado que ele já tinha passagem na polícia por furto e roubo. Ele fugiu do hospital, mas, após alguns dias, prestou depoimento à polícia e se apresentou a um abrigo da prefeitura. O jovem saiu desse abrigo e, semanas depois de ter sido acorrentado ao poste, foi pego pela polícia por assaltar turistas.

Lembremos agora outros casos semelhantes e façamos uma análise sobre a relação entre eles.

Ainda em fevereiro de 2014, mais um caso foi noticiado pela mídia envolvendo um jovem de 26 anos que fora capturado por civis e preso a um poste depois de assaltar uma lanchonete em Itajaí, no litoral de Santa Catarina. O sujeito foi agredido até a chegada da Polícia Militar. Ele e seu comparsa, que escapou, haviam cometido um assalto à mão armada em um estabelecimento próximo ao local, do qual teriam roubado uma quantia em dinheiro do caixa e objetos pessoais de clientes. Durante a fuga, um dos assaltantes foi contido por algumas pessoas que estavam próximas e, em seguida, amarrado a um poste por uma corda, e passou a sofrer várias agressões. Em razão dos ferimentos, foi levado a uma unidade de pronto atendimento e, após ser socorrido, foi encaminhado à Central de Plantão Policial.

Ainda no mesmo mês, um jovem negro foi amarrado a um poste no bairro Santo Antônio, na região centro-sul de Belo Horizonte.

Segundo informações de um portal de notícias, ele era suspeito de furtar carros estacionados no bairro, uma área residencial de classe média alta, mas, de acordo com o batalhão de Polícia Militar da região, nenhuma ocorrência fora registrada na data. Sobre o caso, a polícia relatou: "Um homem avistou a viatura e disse que um rapaz foi amarrado ao poste. Nos deslocamos para lá, mas não havia mais ninguém. Nenhuma vítima ou testemunha se apresentou, portanto deixamos o local" (Jovem..., 2014). Moradores da região informaram que o homem que estava preso ao poste foi solto por um desconhecido.

Também em fevereiro de 2014, um homem suspeito de arrombar a creche filantrópica Santa Bárbara, no bairro Bela Vista, na cidade de São José, em Santa Catarina, foi preso a um poste pela comunidade. A creche já havia sofrido quatro assaltos. O sujeito confessou a participação em um dos casos, no qual foram levadas mais de dez panelas industriais e alguns quilos de carne. A diretora da instituição disse ter recebido uma ligação relatando que havia um homem amarrado a um poste em frente à creche, mas não soube dizer quem o prendeu. Para ela, o que motivou a atitude da comunidade foram os constantes saques que a instituição estava sofrendo.

O suspeito foi encaminhado à delegacia, onde confessou o arrombamento e disse que vendeu as panelas em um ferro-velho para comprar *crack*. Ele foi ouvido, mas, como não foi pego em flagrante pela polícia, acabou sendo liberado. Assim como ocorrera em outras situações semelhantes, esse caso foi registrado pela comunidade, que divulgou um vídeo do suspeito nas redes sociais.

Em abril de 2014, a polícia de Minas Gerais registrou mais um caso de agressão contra suspeitos de cometer crimes. Uma pessoa entrou em contato com a delegacia e informou que um homem ferido e vestido apenas com roupa íntima estava amarrado a um poste, com pedaços de pano e ferido nas costas, nas pernas e nos braços.

Ele foi levado a um hospital e liberado depois de receber atendimento médico. Em seu depoimento, afirmou que tinha sido agredido com "chicotadas" por um desconhecido, que utilizou fios de energia para agredi-lo e o obrigou-o a gritar que não roubaria mais no morro. O jovem de 18 anos disse à polícia que, mesmo que soubesse quem era o agressor, não revelaria, pois tinha dívidas com traficantes da região e temia ser morto.

De modo semelhante aos outros casos, as agressões foram registradas em vídeo por uma terceira pessoa, mas a Polícia Militar afirmou não ter localizado as imagens. Como nem os agressores nem as supostas vítimas do rapaz estavam no local quando a viatura chegou, o jovem foi definido como vítima de agressões.

Ainda em abril de 2014, um suspeito de furto no bairro do Batel, região nobre de Curitiba, foi amarrado a uma árvore após tentar furtar um *notebook* em uma loja. Pessoas que estavam próximo do estabelecimento seguraram o assaltante. A assessoria da Polícia Militar do Paraná informou que atendeu a ocorrência e encontrou o suspeito preso à árvore, mas sem sinais de agressão, e que ele foi encaminhado para o 2º Distrito da Polícia Civil. Após ser ouvido, foi indiciado por tentativa de furto, mas responderia ao inquérito em liberdade. Nesse caso, a vítima do furto também foi ouvida, e o *notebook*, recuperado. A imagem do homem preso à árvore circulou pelas redes sociais.

Em maio de 2014, outro homem foi amarrado por populares após roubar um telefone celular no bairro Rebouças, também em Curitiba. De acordo com informações divulgadas em um portal de notícias, o homem teria roubado o aparelho de um jovem, mas foi surpreendido por populares e preso a um poste até a chegada da polícia. A imagem do suposto espancamento do sujeito foi divulgada nas redes sociais e o caso permanecia em processo de investigação pela Polícia Militar até o momento desta pesquisa.

Esses eventos, que envolveram ações de violência em diversas cidades brasileiras, tinham como ritual principal o ato de prender a postes (ou árvores) pessoas consideradas culpadas pelos mais diversos crimes. Por meio do levantamento de relatos, imagens e vídeos, foi possível determinar o funcionamento desse ritual, bem como compreender por que ele pode ser visto como um ritual político.

Todos os fatos aconteceram quando o ambiente apresentava duas características: (i) a ausência de instrumentos estatais referentes à segurança pública, o que proporcionava um grande número de atos criminosos nas regiões onde aconteceram os rituais de prender pessoas a postes; e (ii) a identificação por um grupo de pessoas da falta de apoio do Estado para a ordem social e o respeito às leis, o que encorajou esse grupo a tomar a decisão de estabelecer (ou reestabelecer) a ordem social no local por meio de seus próprios métodos, via imobilização, retenção, agressão física e, por diversas vezes, a morte dos acusados.

A análise desses eventos, registrados pelos meios de comunicação e pelas redes sociais, possibilitou conhecer mais os grupos sociais que realizaram tais ações, bem como entender o processo de *performance* do ritual. Sabendo que muitas ações exercidas em uma sociedade podem ser políticas, podemos, por meio da antropologia e da etnografia, observar os fatos sociais de maneira ampla, valorizando as diversas formas pelas quais uma sociedade se expressa, analisar a atitude de seus agentes e, também, considerar o significado dessas ações. Afinal, como afirma Kuschnir (2007a, p. 71), "A observação etnográfica foi apontada como o método, por excelência, capaz de elucidar as motivações, emoções e valores que dão significado aos comportamentos individuais de uma determinada cultura".

Antes de discorrermos sobre esses rituais de prender pessoas em postes, recapitularemos alguns conceitos.

Rito é uma ação que torna o pensamento algo real, ou seja, transforma o mental em atos e ações palpáveis e visíveis, incluindo uma simbologia que é a expressão de costumes e de representações sociais. O mito, nessa classificação, está ligado ao abstrato e ao mental, sendo então o rito a transformação do mito.

A distinção entre rito e mito está baseada na forma como se procede nos comportamentos sociais, sendo o primeiro um processo de transmissão de uma mensagem ou de conhecimentos obtidos mediante linguagem ou ações. Tanto o mito como o rito são frutos da mente e apresentam características e elementos específicos em cada sociedade (Peirano, 2002).

Como o rito é uma ação social que tem por objetivo a transmissão de ideias e de pensamentos vinculados a uma sabedoria que o indivíduo apresenta, é preciso analisar as relações humanas estabelecidas em sociedade para compreender a noção da função dessa transferência de conhecimento, ou seja, com que eficácia ele pode ser incorporado em ideias reais. Mas o que significa *eficácia* neste caso? É preciso compreender que a eficácia de um rito está em seu valor, em seu poder e em sua capacidade de transferência de significados, levando em conta seu propósito social (Peirano, 2002). A forma como os ritos se realizam e a singularidade de cada ritual variam de acordo com a necessidade e os objetivos a serem atingidos.

A realização do ritual político abarca nosso dia a dia e a maneira como lidamos com a defesa de nossos interesses, ou seja, o rito político está ligado à maneira como nos comportamos em sociedade.

Os casos que aqui citamos são fenômenos da violência urbana e envolvem pessoas sem representação política predefinida. Seus atos de violência parecem guardar significados míticos e ritualísticos, que se manifestam em atos e práticas materiais cujo objetivo é transmitir alguma informação.

A violência ritual presente no ato de amarrar um suposto criminoso a um poste guarda significados próprios e que pretendem transmitir de forma eficaz determinada mensagem política, remetendo a valores que são referidos ou vinculados pelos participantes no evento durante a *performance* violenta (Tambiah, citado por Peirano, 2002).

Isolar esses atos de violência com o objetivo de identificar traços antropológicos que possam determinar o significado e a mensagem que buscam transmitir implica entender outros eventos similares que compartilham a mesma mecânica de funcionamento, com origem e significados próprios, e que podem ser intitulados *justiça com as próprias mãos* ou *justiçamentos*. Também poderiam ser classificados como *atos de violência coletiva*, cujo objetivo é agredir outras pessoas em virtude de uma desconfiança quanto à capacidade do Estado de garantir segurança e punir infratores, guardando em si um princípio comum de ritual público (Ribeiro, 2011).

Os estudos sobre esse tipo de ação violenta, coletiva e urbana nos tempos atuais buscam detectar certas formas de justiça privada, as quais podem apresentar roupagens distintas. O justiçamento já foi o argumento utilizado por resistentes ao regime de exceção brasileiro da década de 1970 ao tentarem justificar atos de violência. A violência também é uma ferramenta utilizada por milícias para impor ordem em suas áreas de controle e explica os linchamentos e a prática do vigilantismo.

Vale destacar que esses atos de agressão têm sua origem nas ideias de ausência ou de fragilidade do poder punitivo do Estado, que opera em dois sentidos: (i) habilita os linchadores à prática da violência e (ii) garante a eles a ausência de punição. Assim, a prática do linchamento também pode ser considerada uma forma de vingança coletiva, como os sacrifícios realizados em sociedades primitivas (Ribeiro, 2011).

No Brasil, os linchamentos em geral ocorrem como atos de grupos que se mobilizam espontaneamente com o objetivo de fazer "justiça" de forma rápida e contundente contra uma pessoa considerada infratora. A lógica do ato violento está subjacente ao evento em si e raramente pode ser explicada racionalmente pelos participantes.

Os linchamentos assumem um claro caráter ritual e punitivo. Não há um aspecto pedagógico ou o objetivo de transmitir uma mensagem a outros infratores, mas um propósito vingativo (Martins, 1995).

No entanto, não se pode negar que os atos de linchamento, além de uma vingança ou punição coletiva, transmitem ou pretendem expressar uma mensagem política. O destinatário não seria especificamente a marginalidade, mas o poder estatal. Os linchamentos, então, teriam uma legitimidade popular para praticar a justiça em virtude da suposta ausência estatal. Nesse sentido, não seriam atos de desordem, mas de questionamento dessa desordem (Martins, 1995).

Dessa maneira, os linchamentos, por serem ações coletivas, dispõem de um caráter ritual que se ancora em motivos políticos e, ao mesmo tempo, pretende transmitir uma mensagem de soberania popular ao praticar "justiça" ou demonstrar descontentamento com o Estado. Assim, a criação de rotinas e o processo de ritualização da violência permitem compreender por que brutalidades cometidas por multidões enfurecidas em nome de uma "causa válida" não deixam marcas psíquicas nos praticantes, que retornam suas vidas normalmente (Peirano, 2002).

Já o vigilantismo caracteriza-se pela ação violenta de grupos organizados e estruturados de forma permanente e é mais difícil de ser encontrado na realidade urbana brasileira, mas existe e também gera grande comoção social. Essa prática, que também utiliza ações de linchamento, é muito mais evidente em países como os Estados Unidos, e é e marcada por forte conteúdo moral e racial.

Podemos destacar, por exemplo, as ações de grupos como a Ku Klux Klan e a violência praticada contra negros no sul dos Estados Unidos, as quais são fundamentadas nas ideias de pureza racial e de superioridade branca e caracterizavam-se por atos de linchamento, enforcamento e incineração. O objetivo político do grupo é manter os negros em limites sociais específicos de modo a dissuadi-los de invocar seus direitos (Martins, 1995).

Já no oeste norte-americano, o fenômeno do vigilantismo era uma forma de justiçamento e buscava uma punição pública rápida e sem apelações. Era praticado por grupos que diziam ter fortes valores morais e normas de conduta e tinham por objetivo desencadear uma pedagogia da violência e impor o acatamento da moralidade puritana tradicional, a lei e a ordem.

Não obstante as diferenças, nos dois casos, as ações adquiriam significado imediato e poderiam ser compreendidas e justificadas pelo racismo ou pela moralidade tradicional (Martins, 1995).

No Brasil, apesar da dificuldade de se encontrar grupos organizados nos padrões do vigilantismo norte-americano, determinados processos guardam alguma relação com a prática ritual de violência e de justiçamentos. Dentre eles podemos destacar as ações da organização denominada Scuderie Detetive Le Cocq, criada na década de 1960 para vingar a morte em serviço de Milton Le Cocq, famoso detetive de polícia do estado do Rio de Janeiro.

Essa organização atuou até o início da década de 1980 e chegou a reunir 7 mil associados e admiradores com o objetivo de repressão ao crime. O grupo era liderado pelos chamados *Doze Homens de Ouro* e reunia policiais escolhidos na força de elite da polícia pelo secretário de Segurança Pública do Rio de Janeiro, Luís França, para "limpar" a cidade. Formada por agentes especiais e bem treinados, a organização foi aplaudida pela sociedade carioca por ter eliminado alguns dos "piores bandidos" nas décadas de 1960 e 1970.

Diferentemente da experiência da Scuderie Detetive Le Cocq no Rio de Janeiro, na década de 1980 surgiram em quase todo o Brasil os chamados *Esquadrões da Morte*, grupos de justiceiros formados por policiais. Seus integrantes procuravam manter o anonimato e seus atos eram direcionados à execução de indivíduos considerados marginais perigosos e irrecuperáveis e, também, de pequenos meliantes que eventualmente representavam algum incomodo a comerciantes dispostos a pagar pelos serviços. Os esquadrões deixavam sempre uma marca ou uma referência simbólica. A mais conhecida seriam as letras "EM" inscritas em paredes nos locais das execuções ou no corpo das vítimas.

Apesar de grupos como a Scuderie Detetive Le Cocq e os Esquadrões da Morte não serem mais objeto de exploração midiática, suas práticas e sua filosofia ainda repercutem nas ações dos grupos de extermínio, por exemplo. Essa ausência ou ineficiência do Estado que permitiu o surgimento de grupos para-policiais também cria condições que permitem o fenômeno atual das milícias.

As milícias surgem nas comunidades carentes submetidas a um Estado paralelo controlado pelo tráfico. Nelas atuam policiais, ex-policiais, colaboradores da polícia e até marginais com o objetivo de enfrentar os traficantes e desestruturar seu controle nas comunidades.

As comunidades, quando livres do tráfico ou da influência de traficantes, acabam tornando-se reféns dos milicianos. Esses, por sua vez, estabelecem nas comunidades um "Estado paralelo", mais eficiente e rentável e tão violento quanto o dos "chefes" anteriores. Passam, pois, a controlar a vida da comunidade de forma absoluta, como os padrões de comportamento, o fornecimento de serviços, o comércio e a opinião política (Ribeiro; Oliveira, 2010).

As violências simbólicas praticadas pelos milicianos por meio de execuções sumárias em plena luz do dia têm o propósito de transmitir uma mensagem política de demonstração de poder, como se fosse um Estado absoluto, e exigir a obediência da comunidade. Os milicianos justificam seus atos de violência com o discurso de defender a comunidade, mas seu objetivo é o lucro advindo do processo de controle comercial, extorsões, pagamentos por proteção e tributos impostos (Ribeiro; Oliveira, 2010).

Retomando a temática da "justiça com as próprias mãos", o ato de aprisionar pessoas a postes pode ser considerado um ritual político, pois decorre do sentimento da ineficiência política e penal brasileira na aplicação das normas. Trata-se, pois, de uma ação que visa agredir e expor o indivíduo e, na sequência, notificar a polícia para que haja o efeito esperado do rito, o de exibir ao Estado suas deficiências.

Como já mencionamos, há uma diferença entre o rito de amarrar pessoas a postes e os linchamentos. As motivações são muito diferentes. Quando tratamos de linchamentos, estamos falando de casos em que o agressor busca uma vingança que se materializa na violência. Assim, seu objetivo é muito mais atingir o indivíduo culpado por algum ato do que manifestar uma mensagem de repugnância à ineficiência estatal.

Nesse sentido, muitos dos casos de linchamento resultam em morte. Esse foi o caso de uma mulher na cidade de Guarujá, que foi morta por ser acusada de sequestrar crianças para uso em rituais religiosos, e do motorista que passou mal, bateu o veículo em alguns carros e foi espancando até a morte por pessoas que participam de um baile *funk* na região.

Outro exemplo de linchamento é o do adolescente que foi acusado de pedofilia após ser visto tirando fotos em uma festa de Carnaval onde estava com a mãe e o irmão. O adolescente foi levado à delegacia, mas, após esclarecer os fatos e deixar o local, foi atacado por um justiceiro, identificado como o irmão da vice-prefeita da cidade, que o agrediu até o adolescente ter convulsões que o levaram à morte.

Esses são exemplos de linchamentos motivados por questões do mundo privado das vítimas e cujas consequências foram mais graves.

Por outro lado, o ato de aprisionar pessoas em postes está relacionado a crimes, sobretudo, contra o patrimônio. Há exceções e, quando acontecem, vemos que os crimes estão relacionados ao mundo da casa, assim como nos linchamentos; portanto, há uma punição maior que corresponde a agressões extremamente violentas, mutilação ou até a morte.

Os ritos políticos de aprisionamento de pessoas em postes são motivados pela indignação de um grupo diante da recorrência de um crime e da falta de prisão de seus autores. Assim, os ritos são ocasionados por uma informação que dá conta de que o indivíduo está agindo de forma imprópria, o que em geral significa que ele cometeu um delito ou teve a intenção de fazê-lo. A familiaridade entre os casos, em geral, repousa na tentativa dos agressores de fazer justiça com as próprias mãos, o que representa um retrocesso no sistema jurisdicional brasileiro, uma vez que a justiça não repousa na mão da população, mas sim do Estado.

Após analisar diversos casos, o grupo de pesquisa constatou que a morte nem sempre é o desfecho; normalmente, os eventos consistem em linchamento e, na sequência, o aprisionamento ao poste. A violência contra o acusado está sempre presente, como se fosse uma forma de punir o infrator e coibir a repetição do ato ilícito. A exposição do cidadão amarrado ao poste seria um sinal da revolta dos agressores contra o sistema.

O referido rito é marcado por uma diferença entre o "mundo da casa" e o "da rua", conforme apresentado por DaMatta (1985). O autor identifica essas duas esferas nas quais se dão as relações sociais. Dessa forma, se transferirmos essa compreensão para o universo dos crimes apresentados neste trabalho, identificaremos que existe uma relação entre os crimes associados ao mundo da casa e os vinculados ao mundo da rua.

De forma geral, os crimes cometidos pelos indivíduos linchados são contra a propriedade e, sobretudo, roubos. Em nossa análise, encontramos, porém, casos como o de um senhor do interior do estado de São Paulo que foi acusado de estupro; antes de se juntarem provas sobre o ocorrido, o homem foi mutilado e amarrado à beira de uma estrada. Isso certamente configura uma busca de vingança motivada por pessoas próximas à criança ou dos que se enquadram no grupo de "justiceiros".

Os ritos são consequência da insatisfação com o sistema político e jurídico brasileiro. As notícias revelam que os crimes, ou os próprios apontados como seus autores, são recorrentes. Foi possível perceber que a busca por justiça ocorre em virtude do esgotamento social com a solução do problema da segurança.

Os casos estão espalhados pelo Brasil de norte a sul e suas similaridades repousam no sentimento de não cumprimento de obrigação por parte do Estado. O ritual não representa uma solução, mas tem cunho político e expõe o problema da segurança em diversas regiões, alertando as autoridades sobre a capacidade que uma ação de prevenção teria.

Por fim, é fundamental entender que não há qualquer legalidade na atitude dos agressores. Por mais que configure como uma mensagem destinada ao Estado e que esta seja dotada de suposta legitimidade, não se pode desconsiderar o fato de que cabe ao Estado a responsabilidade de fazer justiça.

No Estado de Minas Gerais foi encontrada uma placa indicando a proibição de aprisionamento. Esse fato deixa claro que o comportamento não é aceito por todos os cidadãos e que há uma parcela que não vê legalidade no ato. Isso não significa, porém, que estejam satisfeitos com o sistema.

Não obstante as considerações e objeções morais pertinentes na reprovação de qualquer forma de violência ou incivilidade, há que se reconhecer que todo ato dessa natureza guarda significados e simbolismos. *Grosso modo*, utilizar esse tipo de ação que se opõe à regra estabelecida de que a violência é um monopólio estatal revela a negação da exclusividade da autoridade e a negação do próprio Estado, o que se traduz em um ritual de desobediência.

No mesmo sentido, com um olhar para além da violência crua e de moralismos óbvios, não se pode negar que atos como os que foram pesquisados, especialmente a prática de amarrar supostos criminosos a postes, são mais que manifestações de vingança, de punição ou elementos didáticos para outros suspeitos. O rito é, antes de tudo, político.

Na condição de rito político, que transmite ou pretende transmitir uma mensagem política, a violência é um componente ritualístico.

A mensagem direta produzida dirige-se ao Estado e pretende expressar uma pauta política, notadamente a segurança pública, abarcando demandas que questionam o sistema de persecução penal, a estrutura legal, a ação legislativa e o desempenho da própria justiça.

A mensagem subliminar está em tomar do Estado o monopólio do combate à violência, em ocupar o espaço no qual o Poder Público se faz ausente e substituí-lo, ou seja, edificar na ação violenta de um grupo de pessoas uma espécie de Cidadão/Estado onde o Leviatã repousaria no próprio cidadão.

Síntese

Neste capítulo, trabalhamos algumas teorias e conceitos ligados diretamente à antropologia da política e analisamos alguns rituais e mitos em nossa sociedade. Isso foi explicitado nos estudos de caso presentes na literatura científica brasileira. A seguir, apresentamos um breve resumo dos conceitos abordados no capítulo.

Conceito	Resumo
Tempo da política	Construção nativa que enfatiza "a ênfase em certo momento específico no fluxo da vida social e uma tentativa de circunscrição ou delimitação da abrangência da política por parte da população" (Teixeira; Chaves, 2004, p. 7). Trata-se de um período no qual o conflito é permitido e grupos ou facções se estabelecem e demarcam suas posições (sejam de defesa ideológica, sejam de defesa pelo domínio de determinado espaço social, físico ou não), mapeando e dividindo os membros da sociedade ao longo do período, criando mais uma referência de "navegação social". Trocam-se não apenas bens e compromissos mas também emoções.

(continua)

(conclusão)

Conceito	Resumo
Espaço político	Dimensão espacial do "fazer política". Refere-se a espaços, físicos ou não, nos quais a política deve ocorrer. Os espaços são determinados para neles ocorrer a exposição de ideias e de ideologias e suscitar a geração de trocas, criando novos ou reforçando antigos compromissos.
"Fazer política"	Conceito demarcado pelo tempo e pelo espaço das relações políticas, nos quais tanto candidatos quanto eleitores compartilham construções simbólicas que demarcam o papel de cada um na sociedade, apresentando suas redes de relacionamento e mapeando os elos de compromisso no jogo de poder.

Questões para revisão

1. Segundo Teixeira e Chaves (2004, p. 7), o tempo da política significa, "simultaneamente a ênfase em certo momento específico no fluxo da vida social e uma tentativa de circunscrição ou delimitação da abrangência da política por parte da população". A esse respeito, é correto afirmar:
   a) O conceito de tempo da política é uma construção analítica e não está presente nas sociedades.
   b) No tempo da política ocorrem dois movimentos que não se relacionam.
   c) As atividades que ocorrem no tempo da política têm dupla função: tanto social quanto política.
   d) O tempo da política expande as relações políticas da população em eventos específicos.
   e) Tempo da política é o tempo do mandato de um político profissional.

2. Durante rituais e atividades políticas, são criadas novas relações sociais e são reforçadas as já existentes. Há a possibilidade de rompimento entre membros da sociedade em virtude de conflitos de interesse, por exemplo. Sobre esse conceito, analise as afirmativas a seguir e marque V nas verdadeiras e F nas falsas.

( ) O tempo da política é um período no qual o conflito é permitido, e grupos ou facções se estabelecem e demarcam suas posições.

( ) No tempo da política, ocorre um maior mapeamento dos grupos da sociedade, criando referências para a navegação social dos indivíduos.

( ) O tempo da política é um momento em que as divisões sociais se confundem, pois a organização de grupos ocorre de maneira casual, de acordo com o fluxo de eventos.

( ) O tempo da política não consolida a estrutura social de uma coletividade, pois há o resgate de rituais que fortalecem a ordem previamente estabelecida.

Agora, assinale a alternativa que apresenta a sequência correta:

a) V, V, F, F.
b) F, F, V, V.
c) V, F, V, F.
d) F, V, F, V.
e) V, F, F, V.

3. No tempo da política, há a construção das lealdades ou seu desmantelamento. Assim, é correto afirmar:
   a) A demonstração de compromisso é tão importante quanto o voto ou a declaração do voto que está em jogo.
   b) As relações de troca promovem a disputa entre os eleitores pela atenção dos candidatos.
   c) O desmantelamento de relações políticas é a confirmação do fim do processo democrático.
   d) As lealdades são sempre rituais e meramente aparentes. A concretização do voto não se faz necessariamente presente.
   e) O tempo da política é o momento de o eleitor analisar qual candidato pode lhe conceder mais favores pessoais.

4. No tempo da política, há uma importância ritual e simbólica na construção dos personagens políticos. Analise as afirmativas a seguir e marque V nas verdadeiras e F nas falsas.
   ( ) A construção da simpatia durante as campanhas eleitorais provoca a aproximação entre os mundos público e privado. O cotidiano dos políticos também tem relevância nos jogos de poder.
   ( ) É necessário demonstrar certos sinais emocionais em determinados tempos e lugares para ter maior efetividade na disputa eleitoral.
   ( ) Durante o processo eleitoral, trocam-se apenas bens. A demonstração de emoções durante as campanhas faz parte de um ritual e pode não demonstrar a realidade das intenções.
   ( ) As emoções durante as campanhas eleitorais não são bens trocados, mas sim o mecanismo de demonstração dos compromissos entre os entes políticos.

Agora, assinale a alternativa que apresenta a sequência correta:
a) F, V, F, V.
b) V, V, F, V.
c) V, F, F, F.
d) F, F, V, F.
e) F, F, V, V.

5. Os espaços políticos são uma dimensão importante do "fazer política". Em conjunto com o tempo da política, esses ambientes são construções sociais em que ocorre a ressignificação da dimensão simbólica de tais cenários. Sobre isso, é correto afirmar:
   a) São considerados espaços políticos somente os ambientes físicos que permitem a reunião presencial de um grande número de pessoas.
   b) Os espaços políticos são determinados para neles ocorrer a exposição de ideias e de ideologias e suscitar a geração de trocas.
   c) São espaços rituais aqueles em que ocorre o rompimento dos compromissos estabelecidos em tempos políticos passados.
   d) Os espaços políticos são dependentes do tempo: eles existem apenas quando os períodos de conflito político são gerados.
   e) Os espaços políticos são aqueles em que os políticos se pronunciam como o plenário e o palanque.

6. O que significa o conceito de tempo da política e por que ele é importante?

7. Conceitue o ato de fazer política na perspectiva da antropologia.

Questões para reflexão

1. Pesquise quais são os locais utilizados para a realização de manifestações políticas em sua cidade. Verifique suas características e compare-as com as da Avenida Paulista, em São Paulo. Identifique as semelhanças entre os espaços.

2. Pesquise na internet os materiais publicitários dos candidatos de sua cidade ou de seu estado. Verifique quantos deles fizeram uso da vida privada nas campanhas e analise como e em que momento isso ocorreu.

Para saber mais

BORGES, A. M. **Tempo de Brasília**: etnografando lugares-eventos da política. Rio de Janeiro: Relume Dumará; Núcleo de Antropologia da Política; Ed. da UFRJ, 2003. (Coleção Antropologia da Política, v. 21).

A autora, Antonádia Monteiro Borges, analisa uma política pública desenvolvida no Recanto das Emas, região situada a 32 km de Brasília, demonstrando que a política pode ocorrer em espaços inesperados e está presente em todos os aspectos do cotidiano das pessoas.

Para concluir...

Para entender a política, não basta estudar os grandes teóricos e aplicar os conhecimentos desenvolvidos por eles de uma forma ampla ou tentar explicar os movimentos conceituais por meio de equações e estatísticas. Há elementos subjacentes às ações políticas que permeiam as sociedades de formas mais profundas e sutis.

A política não é uma "coisa" que está isolada de outros fenômenos sociais; ao contrário, ela está ligada a esses fenômenos por uma estrutura de práticas, comportamentos e pensamentos tão complexos que o estudo de suas conexões é uma ação que nunca terá fim, uma vez que as sociedades estão sempre mudando e redefinindo os elementos que as constituem.

O que propusemos nesta jornada foi um olhar diferente sobre a política e o modo de estudá-la, permitindo, assim, ampliar o cenário da pesquisa nessa área. Analisar a política por meio das metodologias e das teorias da antropologia enriquece o tratamento da qualidade das informações e do conhecimento como um todo.

Tão importante quanto compreender as possibilidades de pesquisa qualitativa que a antropologia propõe é fazer uso de sua forma de interpretação para explicar os fenômenos políticos que permeiam a sociedade como um todo, mas também se encontram em cada indivíduo.

A utilização de mitos e de ritos para o entendimento do drama social alarga o significado de dados numéricos presentes nas pesquisas qualitativas. A aplicação de teses antropológicas, como a teoria da dádiva, promove o conhecimento mais amplo do impacto da política no cotidiano das pessoas.

Um dos pontos mais importantes a ser ressaltado nessa nossa empreita é a consciência de que os conceitos, as ideias e os pensamentos moldam a percepção que o pesquisador tem da realidade. E essa percepção permite a ele dar um passo além na busca pela neutralidade científica, tão necessária quando são estudados fenômenos sociais delicados como a política e suas ideologias.

Referências

BENEDICT, R. **O crisântemo e a espada**. 4. ed. São Paulo: Perspectiva, 2014.

BOAS, F. **Antropologia cultural**. 2. ed. Rio de Janeiro: J. Zahar, 2005.

____. **The Mind of Primitive Man**. New York: The MacMillan Company, 1938. Disponível em: <https://archive.org/stream/mindofprimitive00boas#page/n7/mode/2up>. Acesso em: 6 set. 2018.

BRASIL. Lei Complementar n. 101, de 4 de maio de 2000. **Diário Oficial da União**, Poder Legislativo, Brasília, DF, 5 maio 2000. Disponível em: <http://www.planalto.gov.br/ccivil_03/LEIS/LCP/Lcp101.htm>. Acesso em: 13 set. 2018.

BRASIL. Câmara dos Deputados. **Discursos e notas taquigráficas**. Câmara dos deputados –Detaq. Sessão: 091.2.55.0. 17 abr. 2016a. Disponível em: <http://www.camara.leg.br/internet/sitaqweb/TextoHTML.asp?etapa=3&nuSessao=091.2.55.O&nuQuarto=272&nuOrador=1&nuInsercao=0&dtHorarioQuarto=23:02&sgFaseSessao=OD%20%20%20%20%20%20%20&Data=17/04/201-6&txApelido=PRESIDENTE&txEtapa=Com%20reda%C3%A7%C3%A3o%20final>. Acesso em 17 set. 2018.

BRASIL. Câmara dos Deputados. **Eduardo Cunha vota a favor do impeachment**. Câmara notícias, 17 abr. 2016b. Política Disponível em: <http://www2.camara.leg.br/camaranoticias/noticias/POLITICA/507312-EDUARDO-CUNHA-VOTA-A-FAVOR-DO-IMPEACHMENT.html>. Acesso em 17 set. 2018.

_____. Proposta de Emenda à Constituição 37/2011. Acrescenta o §10 ao art. 144 da Constituição Federal para definir a competência para a investigação criminal pelas polícias federal e civis dos Estados e do Distrito Federal. Disponível em: <https://www.camara.gov.br/proposicoesWeb/fichadetramitacao?idProposicao=507965#marcacao-conteudo-portal>. Acesso em: 13 set. 2018.

CLASTRES, P. **A sociedade contra o Estado**: pesquisas de antropologia política. Tradução de Theo Santiago. São Paulo: Cosac & Naify, 2003.

DAMATTA, R. **A casa e a rua**: espaço, cidadania, mulher e morte no Brasil. São Paulo: Brasiliense, 1985.

_____. **Relativizando**: uma introdução à antropologia social. Rio de Janeiro: Rocco, 1987.

EVANS-PRITCHARD, E. E. **Os nuer**. São Paulo: Perspectiva, 2002.

FORTES, M.; EVANS-PRITCHARD, E. E. (Ed.). **Sistemas políticos africanos**. México: Centro de Investigaciones y Estudios Superiores en Antropología Social; Universidad Autónoma Metropolitana; Universidad Iberoamericana, 2010. (Clásicos y Contemporáneos en Antropología, v. 8).

GEERTZ, C. **A interpretação das culturas**. Rio de Janeiro: Zahar, 1978.

_____. Suq: the Bazaar Economy in Sefrou. In: GEERTZ, C.; GEERTZ, H.; ROSEN, L. **Meaning and Order in Moroccan Society**: Three Essays in Cultural Analysis. New York: Cambridge University Press, 1979. p. 123-313.

GOMES, M. P. **Antropologia**: ciência do homem – filosofia da cultura. São Paulo: Contexto, 2008.

JOVEM suspeito de furto é amarrado em poste em Belo Horizonte. **R7 Minas Gerais**, 26 fev. 2014. Disponível em: <http://noticias.r7.com/minas-gerais/jovem-suspeito-de-furto-e-amarrado-em-poste-em-belo-horizonte-27022014>. Acesso em: 14 set. 2018.

KEESING, R. M. Theories of Culture. **Anual Review of Anthropology**, v. 3, p. 73-97, Oct. 1974. Disponível em: <http://kodu.ut.ee/~cect/teoreetilised%20seminarid_2009%20s%C3%BCgis/1_seminar_KULTUUR_29.09.2009/text_1.pdf>. Acesso em: 23 ago. 2018.

KUSCHNIR, K. **Antropologia da política**. Rio de Janeiro: Relume Dumará/UFRJ/Núcleo de Antropologia da Política, 1999.

_____. **Antropologia da política**. Rio de Janeiro: J. Zahar, 2007a. (Coleção Passo a Passo, v. 79).

_____. Antropologia e política. **Revista Brasileira de Ciências Sociais**, São Paulo, v. 22, n. 64, jun. 2007b. Disponível em: <http://www.scielo.br/scielo.php?pid=S0102-69092007000200014&script=sci_arttext>. Acesso em: 6 set. 2018.

_____. **Eleições e representação no Rio de Janeiro**. Rio de Janeiro: Relume Dumará, 1999b. (Coleção Antropologia da Política, v. 8).

_____. Uma pesquisadora na metrópole: identidade e socialização no mundo da política. In: VELHO, G.; KUSCHNIR, K. (Org.). **Pesquisas urbanas**: desafios do trabalho antropológico. Rio de Janeiro: J. Zahar, 2003. p. 20-42.

LANNA, M. P. D. **A dívida divina**: troca e patronagem no Nordeste brasileiro. Campinas: Ed. da Unicamp, 1995.

LAPLANTINE, F. **Aprender antropologia**. São Paulo: Brasiliense, 2006.

LARAIA, R. de B. **Cultura**: um conceito antropológico. 20. ed. Rio de Janeiro: J. Zahar, 2006.

LEACH, E. R. **Sistemas políticos de la Alta Birmania**: estudio sobre la estructura social kachin. Barcelona: Editorial Anagrama, 1976.

LEAL, V. N. **Coronelismo, enxada e voto**: o município e o regime representativo no Brasil. 7. ed. São Paulo: Companhia das Letras, 2012.

LÉVI-STRAUSS, C. Abertura I e II. In: _____. **O cru e o cozido**. São Paulo: Brasiliense, 1991a. (Coleção Mitológicas, v. 1). p. 11-38.

_____. A estrutura dos mitos. In: _____. **Antropologia estrutural**. Rio de Janeiro: Tempo Brasileiro, 1955. p. 237-265.

_____. A estrutura e a forma. In: _____. **Antropologia estrutural dois**. Tradução de Maria do Carmo Pandolfo. 4. ed. Rio de Janeiro: Tempo Brasileiro, 1993a. (Coleção Biblioteca Tempo Universitário, v. 45). p. 121-151.

_____. A gesta de Asdiwal. In: _____. **Antropologia estrutural dois**. Tradução de Maria do Carmo Pandolfo. 4. ed. Rio de Janeiro: Tempo Brasileiro, 1993b. (Coleção Biblioteca Tempo Universitário, v. 45). p. 152-205.

_____. Estruturalismo e ecologia. In: _____. **O olhar distanciado**. Lisboa: Edições 70, 1986. p. 149-173.

_____. **Mito e significado**. Lisboa: Edições 70, 1987.

_____. **O cru e o cozido**. São Paulo: Brasiliense, 1991b. (Coleção Mitológicas, v. 1).

MALINOWSKI, B. **A Scientific Theory of Culture and Other Essays**. 2. ed. New York: Oxford University Press, 1960. Disponível em: <http://monoskop.org/images/f/f5/Malinowski_Bronislaw_A_Scientific_Theory_of_Culture_and_Other_Essays_1961.pdf>. Acesso em: 6 set. 2018.

MARCONI, M. de A.; PRESOTTO, Z. M. N. **Antropologia**: uma introdução. 7. ed. São Paulo: Atlas, 2007.

MARTINS, J. de S. As condições do estudo sociológico dos linchamentos no Brasil. **Estudos Avançados**, São Paulo, v. 9, n. 25, p. 295-310, set./dez. 1995. Disponível em: <http://www.revistas.usp.br/eav/article/view/8903/10455>. Acesso em: 14 set. 2018.

MAUSS, M. **Sociologia e antropologia**. Tradução de Paulo Neves. São Paulo: Cosac Naify, 2003.

MÍDIA NINJA. 2013. Perfil do Facebook. Disponível em: <https://www.facebook.com/MidiaNINJA>. Acesso em: 31 ago. 2018.

OLIVEIRA, R. C. de. **O trabalho do antropólogo**. São Paulo: Ed. da Unesp, 2006.

PALMEIRA, M. Política e tempo: nota exploratória. In: PEIRANO, M. (Org.). **O dito e o feito**: ensaios de antropologia dos rituais. Rio de Janeiro: Relume Dumará, 2002. (Coleção Antropologia da Política, v. 12). p. 171-178.

_____. Voto: racionalidade ou significado? **Revista Brasileira de Ciências Sociais**, São Paulo, v. 7, n. 20, p. 26-30, 1992.

PEIRANO, M. (Org.). **O dito e o feito**: ensaios de antropologia dos rituais. Rio de Janeiro: Relume Dumará, 2002. (Coleção Antropologia da Política, v. 12).

QUADROS, D. G. de. **Partido político e propaganda política**: a imagem partidária em ação no horário gratuito (HGPE) nas eleições de 2000, 2004 e 2008 para prefeito de Curitiba. 137 f. Tese (Doutorado em Sociologia) – Universidade Federal do Paraná, Curitiba, 2012. Disponível em: <http://dspace.c3sl. ufpr.br/dspace/bitstream/handle/1884/28011/R%20-%20 T%20-%20DOACIR%20GONCALVES%20DE%20QUADROS. pdf?sequence=1>. Acesso em: 14 set. 2018.

REED, I. A. Poder: dimensões relacional, discursiva e performática. **Revista Sociedade e Estado**, Brasília, v. 29, n. 2, maio/ago. 2014. Disponível em: <http://www.scielo.br/pdf/se/v29n2/09. pdf>. Acesso em: 6 set. 2018.

RIBEIRO, L. R. **O que não tem governo**: estudo sobre linchamentos. Tese (Doutorado em Sociologia) – Universidade Federal da Paraíba, João Pessoa, 2011.

RIBEIRO, P. J.; OLIVEIRA, R. O impacto da ação das milícias em relação às políticas públicas de segurança no Rio de Janeiro. **Crime e Globalização**. Documentos de Debate, mar. 2010. Amsterdam: Transnational Institute, 2010. Disponível em: <https://www.tni.org/files/download/crime4p.pdf>. Acesso em: 14 set. 2018.

RODRIGUES, R. de O. Ritual em Tambiah: trajetória, conceitos e reflexões. **Revista Brasileira de História das Religiões**, v. 7, n. 20, p. 187-197, set. 2014. Disponível em: <http://www.periodicos.uem.br/ojs/index.php/RbhrAnpuh/article/download/23941/13575>. Acesso em: 28 ago. 2018.

SAHLINS, M. **Cultura e razão prática**. Tradução de Sérgio Tadeu de Niemayer Lamarão. Rio de Janeiro: J. Zahar, 2003.

TEIXEIRA, C. C.; CHAVES, C. de A. (Org.). **Espaços e tempos da política**. Rio de Janeiro: Relume Dumará/Núcleo de Antropologia da Política/UFRJ, 2004. (Coleção Antropologia da Política, v. 26).

TURNER, V. W. **O processo ritual**: estrutura e antiestrutura. Tradução de Nancy Campi de Castro. Petrópolis: Vozes, 1974. (Coleção Antropologia, v. 7).

TYLOR, E. B. **Primitive Culture**. London: John Mursay & Co, 1871.

VELHO, G. **Individualismo e cultura**: notas para uma antropologia da sociedade contemporânea. 8. ed. Rio de Janeiro: J. Zahar, 2008.

Respostas

Capítulo 1

Questões para revisão
1. a
2. d
3. b
4. c
5. c
6. A partir de diferentes abordagens. Elas são:
   Biologia – Análise das variações biológicas do ser humano, sua transformação/construção genética, sua morfologia e fisiologia.
   Social – Identificar o ser humano como um ser social, que organiza grupos de convivência e apresenta comportamentos definidos por sua sociedade.
   Cultural – Identifica o ser humano como criador de história, gerador de uma interpretação do mundo ao seu redor, expressada por meio de suas crenças, religiões, organização política, de poder, de parentesco, entre outras.

7. Um símbolo é uma representação que sugere uma ideia, que pode moldar um comportamento ou atividade. É algo que transmite uma mensagem. Para um símbolo ser criado, são necessários três elementos básicos:
Signo – É o objeto ou a coisa, material ou não, que porta significado.
Significado – É a representação atribuída ao objeto e que comunica
uma ideia ou um valor.
Significante – É aquele que atribui a representação ao objeto portador do significado – ou seja, os membros de determinado grupo social.

Questões para reflexão

1. Uma resposta possível para essa reflexão é que a cultura é formada por elementos materiais e imateriais, pelo conhecimento adquirido e repassado de geração em geração. Esse conjunto de características e as conexões realizadas entre elas e seus significados podem definir sua importância e determinar, inclusive, o comportamento dos indivíduos em sociedade e em relação a outras comunidades. A cultura não está apenas nas coisas dos indivíduos, mas também neles próprios. Assim, há entre os diferentes conceitos de cultura, certa similaridade e continuidade de elementos.
2. O feminismo consiste em um conjunto de movimentos sociais formado por filosofias que pregam a equidade entre os gêneros por meio da vivência e do empoderamento feminino, reformulando conceitos tradicionais, existentes principalmente nas sociedades ocidentais. Suas primeiras ações datam do século XIX e, hoje, caracteriza-se pelo processo de construção

teórica e análise fundamentada em parâmetros científicos para fazer valer seus ideais. Uma similaridade que pode ser apontada entre o feminismo e a antropologia da política, portanto, é o uso de métodos e conceitos científicos para comprovar visões e ideais políticos.
3. Resposta pessoal.

Capítulo 2
Questões para revisão
1. a
2. c
3. b
4. c
5. d
6. Diferentemente do olhar e do ouvir, é no escrever que o pesquisador organiza suas ideias. Nessa etapa, ele deixa de frequentar o campo de trabalho e já não está sujeito a sua influência, refletindo sobre todas as informações apreendidas durante a pesquisa. Esse momento de reflexão é necessário para restabelecer os elos entre as teorias e os materiais empíricos coletados durante a pesquisa de campo.
É nessa fase que o cientista reflete sobre a cultura e dimensiona a rede de relacionamentos formada pelos múltiplos símbolos e significados presentes nela. É o empenho de compreender as especificidades dos relacionamentos econômicos, políticos, psicológicos, sociais e culturais que compõem o sistema complexo que organiza uma sociedade e dá sentido a seus elementos.

Raphael Hardy Fioravanti

7. Etnocentrismo é um conceito construído pela antropologia que diz respeito ao comportamento de um indivíduo ou grupo, que interpreta o mundo com base em suas próprias noções, julgando as situações e as pessoas por meio de prenoções presentes em sua sociedade e determinam seu comportamento e sua forma de interpretar o mundo.
Relativismo considera não existir uma verdade ou um valor absoluto. Assim, todos os pontos de vista seriam válidos e relevantes. Na antropologia, o relativismo cultural torna-se um método de análise que coloca diante do pesquisador a necessidade de observar o outro sem usar qualquer meio ou parâmetro de conceito preconcebido e realizar a observação de outros sistemas culturais sem preconceito, focando na compreensão de como se dá a construção da lógica de pensamento e códigos socioculturais de outros povos, sem julgá-los como certos ou errados.

Questões para reflexão

1. Este é um exercício de treinamento mental para a correta investigação científica. Ao observar a imagem, procure observar os fatos representados nela, e não a interpretação que fazemos deles. Por exemplo, a foto de uma jovem segurando um bebê remete à imagem de uma mãe e seu filho. Porém, a foto em si pode não trazer qualquer referência de que se trata de mãe e filho. Nossa mente constrói um enredo explicativo para a foto, mas que não traduz necessariamente a realidade. Assim, sugerimos quer você se atenha apenas aos fatos, e não aos seus conceitos sobre eles.
2. Este é um exercício que permite perceber como a interpretação dos fatos é moldada com base nos conceitos formulados em

cada sociedade. O caso pesquisado se trata do casamento de uma criança de 9 anos com uma mulher de 62 anos, na África do Sul. Ao apresentar o fato às pessoas de nossa sociedade, veremos que haverá demonstrações de resistência, incredulidade, repulsa ou mesmo de sentimentos como a raiva. Isso ocorre porque os conceitos de nossa sociedade sobre afetividade e matrimônio seguem regras diferentes daquelas de onde vive Sanele Masilela. Dificilmente alguém de nossa sociedade não criticaria o evento, pois não aceitá-lo é uma demonstração dos ideais que imperam e orientam o comportamento dos membros que a compõem. Isso evidencia que os cientistas precisam tomar cuidado para que suas concepções culturais não provoquem erros de interpretação.

Capítulo 3
Questões para revisão
1. a
2. e
3. d
4. b
5. d
6. Rituais são manifestações individuais ou coletivas que expressam sentimentos e representações de algo significativo. As ações dos rituais são formadas por atividades padronizadas por meio das quais todos os envolvidos agem como se estivessem seguindo um roteiro que revela as ideias, as atitudes e os sentimentos das pessoas que as praticam.

7. Os mitos relatam acontecimentos do passado e têm uma estrutura, ao mesmo tempo, histórica e não histórica. É isso que situa o mito tanto no domínio da palavra quanto no da linguagem. É possível extrair da análise dos mitos uma "pintura" da realidade, reforçando a realidade em si ao tentar encontrar soluções e demonstrar que estas seriam tão problemáticas quanto aquelas adotadas sociologicamente. No limite, os mitos podem servir como um meio condutor para as estruturas básicas do pensamento, quando encontramos neles uma organização em oposições como terra/mar, peixe/azeite, fome/fartura, mobilidade/imobilidade, alimento fraco/alimento forte.

Questões para reflexão

1. Ao questionar seus familiares, você poderá perceber os processos de reflexão e de mapeamento de práticas e como elas são vistas. Há diversos rituais que ocorrem em uma eleição: caravanas, comícios, passeatas, visitas e o ato de votar. Ao percebê-los, você poderá treinar sua capacidade de transformar aquilo que lhe é comum em algo exótico, sem aplicar juízo de valor. Além disso, você também notará ações que não lhe são comuns, mas que poderão vir a ser familiares a seu olhar.
2. A proposta desta atividade é treinar o olhar para identificar ações de cunho político que se configuram como rituais.
No filme em questão, além da narrativa de defesa aos agricultores sem-terra, é possível distinguir uma série de símbolos e rituais. Por exemplo, a marcha dos sem-terra é um ritual político envolto em práticas simbólicas. A invasão de propriedades e a criação de acampamentos são outros rituais políticos demonstrados no filme. No conflito com as forças políticas, pode ser percebido um ritual de disputa de poder. Já nas

reuniões entre os líderes da organização, é possível observar um ritual de normatização para a definição de atividades a serem executadas e a formatação da organização interna do movimento. Esses são alguns dos exemplos possíveis. Há ainda muitos outros que podem ser apontados.

Capítulo 4
Questões para revisão
1. b
2. b
3. c
4. d
5. a
6. Segundo essa teoria, o ato de dar, receber e retribuir certo bem ou favor produziria alianças entre as partes, um contrato, por assim dizer. Essas alianças poderiam ser matrimoniais, políticas, religiosas, econômicas, jurídicas e diplomáticas. A dádiva não incluiria apenas presentes, mas também visitas, festas, esmolas, heranças e muitas outras formas de prestação. A dádiva, então, pode e deve estar presente nos rituais estudados pela antropologia da política.
7. Esse conceito pode ser considerado uma ferramenta teórica para explicar diferentes realidades e o modo como outras esferas da vida social influenciam e são influenciadas pela cultura. Em outras palavras, para compreender a política, é necessário observar diferentes elementos da sociedade em foco.

Questões para reflexão
1. A teoria da dádiva não pressupõe o começo, o meio nem o fim de um processo de relação, pois este é contínuo. Porém, para

fins interpretativos, podemos organizar nosso pensamento com base em uma ação específica. Assim, se pensarmos no ato de dar um presente, podemos começar, por exemplo, pela ação que motiva sua realização. Adotando esse raciocínio, podemos seguir o seguinte esquema:

a) Você é convidado para a festa de aniversário de um amigo.

b) Espera-se, além de sua presença, por força do costume, que você leve um presente. O tipo e o valor desse presente (emocional e/ou venal) demonstram a importância do aniversariante para você.

c) Você dá o presente e a pessoa se sente na obrigação de recebê-lo, mesmo que demonstre certa resistência. Não aceitar um presente é visto como uma ofensa, pois quebra o ciclo de trocas.

d) Quando você organiza seu aniversário, sente-se motivado a convidar aquele amigo. Seu subconsciente espera que ele o presenteie com algo de igual ou maior valor do que aquele que você lhe deu de aniversário.

e) Assim, a pessoa lhe entrega o presente e você se vê obrigado a recebê-lo. Em um momento, você está com "crédito" e, em outro, está com uma "dívida". Desse modo, o ciclo volta a se repetir, conforme mostra a Figura A.

Figura A – Esquema funcional da teoria da dádiva

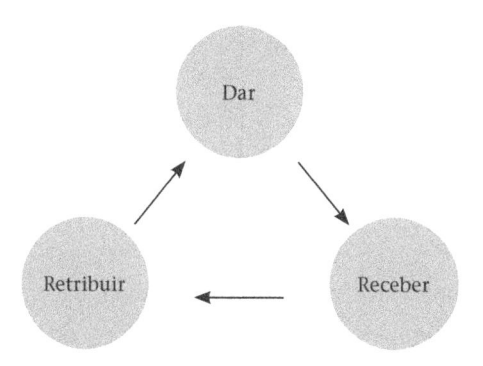

```
        Dar
       /   \
      ↗     ↘
  Retribuir ← Receber
```

2. O esquema para um ritual muito comum na política – o ato de dar camisetas ou adesivos aos eleitores – seria o seguinte:
   a) Você recebe a camiseta de um candidato.
   b) Por educação ou afinidade, você se vê obrigado a aceitá-la.
   c) Espera-se que você faça uso da camiseta. De tal modo, você se vê obrigado a vesti-la em um ou outro momento, pois está em dívida com o candidato.
   d) Depois de usar a camiseta, os papéis se invertem e o político passa a ter uma dívida com você.
   Essa é uma interpretação possível. É claro que temos de observar e compreender as práticas simbólicas envolvidas em cada caso.

Capítulo 5

Questões para revisão

1. c
2. e
3. c
4. a
5. b
6. Talvez o voto seja o elemento mais representativo do processo eleitoral de uma sociedade dita democrática. É nesse processo que o voto se faz presente, no momento que os eleitores têm a oportunidade de refletir sobre sua participação política. Antigamente, poderia ser visto como uma prestação social, como propõe Mauss, pois estabelecia uma relação de troca entre os proprietários de terras e seus empregados, além de uma troca de favores entre os políticos e os coronéis. Atualmente, o voto como elemento de trocas ainda existe, mas os mecanismos dessas trocas são diferentes. Hoje, o eleitor tem mais opções e o processo de tomada de decisão do voto pode envolver uma relação custo-benefício mais complexa. Além disso, a esfera já não é apenas econômica, e a percepção do que é eleição pode não ser a mesma para os candidatos e para os eleitores.

Segundo Palmeira (1992), o que está em jogo são os pequenos favores e ajudas que podem se acumular no decorrer de um período e, por fim, precisam ser saldados, fazendo que o fluxo do ato de dar e receber e a obrigatoriedade de retribuir siga adiante. Assim, podemos ver o voto como o resultado de uma interação social, promovido pelo fluxo constante de trocas sociais.

7. O coronelismo era a demonstração do poder privado que os senhores donos de terras tinham sobre uma população local. Na época, os trabalhadores rurais, por permissão desses coronéis residiam nas fazendas e recebiam um salário que mal custeava suas despesas, sempre precisando do apoio do coronel para obter os recursos de que necessitavam.

O voto se fazia presente como um mecanismo de troca de dádivas, já que a legislação e o aparato estatal da época não davam salvaguarda à população carente. Na República Velha o voto não era secreto, o que permitia aos senhores de terras verificar como seus funcionários e as famílias deles votavam. Aqueles que não obedeciam à ordem dos coronéis poderiam sofrer uma simples advertência verbal ou consequências mais sérias, como castigos físicos e a perda do emprego e da moradia.

Questões para reflexão

1. A expressão *voto de cabresto* tem sua origem na República Velha, quando foram instituídas diversas ações, muitas delas pouco democráticas, para a manutenção do poder de grupos específicos. Essa prática ocorria principalmente em pequenas comunidades ou cidades, nas quais os coronéis (proprietários da maioria das terras da localidade) faziam uso de seu poderio econômico para determinar em quem a população local deveria votar. Assim, podemos interpretar como a dádiva pode operar nesse caso, conforme os passos seguintes:
a) A população tem alguma dependência (dívida) financeira com o coronel.
b) O coronel determina em quem se deve votar e a população se vê obrigada a exercer esse voto.

c) A população paga a dívida e o coronel promove a manutenção do suporte financeiro a ela. Assim, o ciclo volta a se repetir.
2. A compra de votos ainda é uma prática recorrente. Ela não se dá necessariamente por meio de dinheiro, mas pode ocorrer, por exemplo, com a cessão de material de construção, bolsas de estudo, cadeiras de rodas, cargos comissionados e empregos. Você pode saber mais sobre o assunto no *site* do Tribunal Superior Eleitoral (TSE), disponível em: <www.tse.jus.br/imprensa/noticias-tse/2015/Fevereiro/pesquisa-revela-que-compra-de-votos-ainda-e-realidade-no-pais>. Acesso em: 14 set. 2018.

Capítulo 6
Questões para revisão
1. c
2. a
3. a
4. b
5. b
6. O tempo da política é uma construção nativa, ou seja, é uma definição construída e significada pelo grupo social que é foco da pesquisa. Segundo Teixeira e Chaves (2004, p. 7), o "tempo da política" significa, "simultaneamente, a ênfase em certo momento específico no fluxo da vida social e uma tentativa de circunscrição ou delimitação da abrangência da política por parte da população".

O tempo da política seria um período no qual o conflito é permitido ou mesmo esperado. Grupos ou facções se estabelecem e demarcam suas posições (ideológicas e especiais), mapeando e dividindo os membros da sociedade ao longo do período e criando mais uma referência de "navegação social". É um momento em que a sociedade apresenta suas divisões, as quais não ocorrem de maneira casual, pois trata-se de um período repleto de rituais e interdições espaciais. O tempo da política não é apenas o momento de escolha dos governantes; é também quando se promove um grande reajuste social.

7. O fazer política pode ser uma ação constante nas sociedades. Há momentos de ápice, que culminariam nos rituais eleitorais que acontecem periodicamente, de acordo com o calendário das eleições. Existiria uma grande estrutura, que emprega diversos elementos, físicos ou não, conceituais ou não, com grande capacidade simbólica. Esses elementos são utilizados por diferentes esferas sociais em uma mesma sociedade, que opera por meio de uma complexa rede de trocas, na qual existem prestações e contraprestações. O ato de "fazer política" organiza esses elementos para responder às necessidades de ordenamento e estabelecimento de hierarquias em nossa sociedade, por meio da participação de seus membros e segundo parâmetros rituais estabelecidos culturalmente.

Questões para reflexão

1. Este é um exercício de identificação de elementos simbólicos atrelados às manifestações políticas. Observe que os lugares escolhidos, em geral, são próximos de pontos de concentração de poder (político ou econômico). Por exemplo, praças centrais, áreas próximas a igrejas e a órgãos do Executivo ou do

Legislativo. Esses pontos apresentam amplos espaços abertos e têm sua importância reconhecida pela população local. Marcos históricos também podem ser espaços de manifestação, porque carregam uma forte carga simbólica para a região. O exercício de comparação ajuda a identificar as características e os símbolos envolvidos em cada caso.

2. Como figuras de visibilidade, os políticos têm a necessidade de demonstrar elos com a população. Uma forma de fazer isso é apresentando sua vida privada e colocando-se como uma pessoa normal, mais do que o representante de determinada ideologia. Mostrar elementos da vida particular como família, casa, gostos, costumes e *hobbies* pode gerar ligação e reconhecimento com certos grupos da sociedade. Assim, essas ações também podem ter uma finalidade política.

Sobre o autor

Raphael Hardy Fioravanti é mestre em Antropologia Social pela Universidade Federal do Paraná (UFPR) e trabalha com temáticas relacionadas à política, ao voluntariado e aos processos de trocas nas sociedades ocidentais. Também é especialista em Educação a Distância (EaD) pelo Serviço Nacional de Aprendizagem Comercial do Paraná (Senac PR) e em Marketing Empresarial pela UFPR. É graduado em Ciências Sociais pela UFPR e em Administração de Empresas pela Universidade Positivo (UP).

Lecionou nos cursos de Ciência Política, Relações Internacionais e Serviço Social do Centro Universitário Internacional Uninter, especificamente em disciplinas de Antropologia, Antropologia da Política, Administração Pública e Políticas Públicas, e atuou em cursos de pós-graduação. Trabalha como docente e coordenador de educação.

Os papéis utilizados neste livro, certificados por instituições ambientais competentes, são recicláveis, provenientes de fontes renováveis e, portanto, um meio sustentável e natural de informação e conhecimento.

FSC
www.fsc.org
MISTO
Papel produzido
a partir de
fontes responsáveis
FSC® C057341

Impressão: Log&Print Gráfica e Logística S.A.
Março/2022